D1936313

Possin Vom richtigen Essen

Roland Possin

Vom richtigen Essen

Ernährung im Einklang mit den vier Elementen

Mit Rezepten und Ideen von
Karin Possin

IRISIANA

IRISIANA
Eine Buchreihe herausgegeben von
Margit und Rüdiger Dahlke

In Dankbarkeit für meine Eltern

Die Deutsche Bibliothek – CIP-Einheitsaufnahme

Possin, Roland:
Vom richtigen Essen: Ernährung im Einklang mit den vier Elementen; mit umfangreichem Rezeptteil / Roland Possin. –
München: Hugendubel, 1995
(Irisiana)
ISBN 3-88034-832-4

© Heinrich Hugendubel Verlag, München 1995
Alle Rechte vorbehalten

Umschlaggestaltung: Zembsch' Werkstatt München
Produktion: Tillmann Roeder, München
Satz: Uhl + Massopust, Aalen
Druck und Bindung: Spiegel Buch, Ulm-Jungingen
Printed in Germany

ISBN 3-88034-832-4

Inhalt

Vorwort

Heute befinden wir uns in einer Situation, in der speziell in bezug auf die Ernährung ganz unterschiedliche heilbringende Wege propagiert werden. Eine »vollkommene« Ernährungsweisheit bezweifelt die andere, und der in Fragen der Ernährung nach Orientierung suchende Mensch bleibt letztendlich frustriert zurück.

Aber geht es denn wirklich noch darum, mit vorgefertigten, standardisierten Heils- bzw. Ernährungslehren die ganze Menschheit zu beglükken – oder ist es nicht vielmehr so, daß der Mensch heute gefordert ist, seinen individuellen Weg zur ganzheitlichen Ich-Entwicklung und zu Glück und Gesundheit zu finden?

Ist nicht das größte Problem des modernen Menschen seine »standardisierte Individualität«? Bezogen auf die Ernährung haben wir heute die Tendenz zur völligen Entkoppelung der geistig-intellektuellen von der instinktiv-körperlichen Seite des Menschen, so daß eine Art Polarität zwischen beiden entsteht. Die Augenfälligkeit entwickelt dieses Problem in den uns heute stärker denn je betreffenden Eßstörungen verschiedenster Ausprägung. Hier werden primäre Bedürfnisse und Regelmechanismen durch das willentliche Eingreifen von welcher Disposition auch immer verursacht, außer Kraft gesetzt. Das führt zur Destabilisierung des Körpergefühls und damit zur Lähmung der Bedürfnisregulation. »Normales Eßverhalten« wieder einzuüben wird zur schier unlösbaren Aufgabe.

Ich glaube, die wesentliche Aufgabe für unsere Zeit und Kultur, nicht nur im Bereich der Ernährungspädagogik, ist die Reintegration und Zusammenführung dieser beiden Pole: Das Geistige muß das Körperliche des Menschen integrierend erfassen und darf ihm nicht polar gegenüberstehen. Der Mensch muß sich mit seinem Körper wieder zu einer Einheit zusammenfinden, um aus der überwundenen Polarität heraus ein neues

Kapitel der Menschwerdung einzuleiten. Wesentlich erscheint mir hierbei, darauf aufmerksam zu machen, daß dieser Prozeß nicht bei einer nach innen gerichteten Suche stehen bleiben darf – ganz im Gegenteil! Es bedarf einer Erarbeitung der Situation zusammen mit der Umwelt, ganz im Sinne des von Goethe geprägten Satzes: »Der Mensch kennt nur sich selbst, insofern er die Welt kennt, die er nur in sich und sich nur in ihr gewahr wird. Jeder Gegenstand, wohl beschaut, schließt ein neues Organ in uns auf.« (Johann Wolfgang von Goethe, »Bedeutende Fördernisse durch ein einziges geistreiches Wort«, Naturwissenschaftliche Werke, Band II.)

Es gilt heute, die Verständigungsebene (Kommunikation) zwischen Mensch und Umwelt, insbesondere die Beziehung des einzelnen Menschen zu seinen Lebensmitteln und den dazwischen stehenden Ernährungsprozeß, neu zu begreifen und individuell zu erlernen. Aufgabe der Ernährungswissenschaft bzw. speziell auch der Ernährungspädagogik ist es daher, den Menschen eben nicht mit vorgefertigten Patentrezepten zu überschütten, sondern ihm zu ermöglichen, den eigenen Ernährungsweg, d. h. seine eigene, in der jeweiligen Lebenssituation angemessene Ernährungsweise zu entwickeln – ganz im Sinne des Satzes: »Jeder ist sein eigener Ernährungsexperte.«

Hierzu beizutragen ist Absicht des Autors, der Ihnen mit diesem Buch gegenübertritt. Da auch dieser Schritt auf eine neue Denkungsart zu mit großen Schwierigkeiten behaftet ist, bitte ich die Leser, nicht etwas einzelnes herauszugreifen und damit das heute so beliebte abstrakt-intellektuelle Begriffsjonglieren zu beginnen, sondern immer den Blick auf das Ganze zu richten, da Sie ansonsten gegen Verständnismauern rennen, die eigentlich gar nicht vorhanden sind.

August 1995

Alexander Beck
(Ernährungswissenschaftler,
Leiter der Gütestelle des Demeter-Bundes)

Zu beachten

Es liegt nicht im Sinne des Verfassers, die *Empfehlungen* für bestimmte Krankheiten als einen ärztlichen Behandlungsersatz anzusehen.

Der Autor übernimmt keine Verantwortung dafür, wenn Sie sich anhand der im Buch beschriebenen Empfehlungen einer Selbstbehandlung unterwerfen. Es ist zu betonen, daß *keine* Nahrungsmittel als generell für den Menschen schädlich angesehen werden. Ob gewisse Lebensmittel passend sind oder nicht, kann letztendlich nur jeder für sich selbst entscheiden.

Anmerkung

Bei der Verfassung des Textes ist die Mann/Frau-Schreibweise aus praktischen Gründen nicht berücksichtigt worden. Wenn z. B. von einem Wasser-Typ die Rede ist, so sind damit selbstverständlich beide Geschlechter gemeint.

Einleitung

Schon seit langer Zeit beschäftigt mich die Frage nach der für den Menschen geeignetsten Ernährungsform. Als Student der Ernährungswissenschaften lernte ich früh die unterschiedlichsten Ernährungsweisen, wie *Makrobiotik, Haysche Trennkost, Vollwerternährung, Rohkost* kennen.

Nun, die Auswahl war groß, und dementsprechend schwer tat ich mich auch damit, eine von diesen Ernährungsformen als »die Beste« auszuwählen. Ich tröstete mich damit, daß noch ein wenig Zeit dafür sei, ehe ich mich als praktizierender Ernährungsberater für eine Ernährungsweise zu entscheiden haben würde, die ich den Ratsuchenden empfehlen könnte.

Die Zeit verging, bis eines Tages das Ende des Studiums vor der Tür stand und die Frage nach den geeignetsten und optimalsten Lebensmitteln für meine zukünftigen Klienten wieder akut wurde. Ich entschied mich anfänglich für die »pflegeleichte« Vollwert-Ernährung und baute darauf meine Beratungen auf.

Es kamen Tag für Tag Menschen zu mir in die Praxis, die von Freunden, aus dem Fernsehen oder aus Zeitschriften von den verschiedensten Diäten und Kostformen gehört hatten und von mir nun wissen wollten, welche von diesen der beste Begleiter auf ihrem Lebensweg sei.

Manche »rohköstlerisch« eingeschworenen Klienten erzählten mir, daß sie sich, seitdem sie sich ausschließlich von Rohkost ernähren, leichter und energievoller fühlten. Bei denjenigen, die mit Hautproblemen zu tun hatten, kam es oft sogar zu einer Abschwächung der Symptome. Dagegen erzählten mir Ex-»Rohköstler«, daß sie sich während der Frischkostzeit nervös und zerfahren fühlten und im Winter von innen her auskühlten, so daß sie schließlich den konsequenten Verzehr von Rohkost abbrachen.

Für die Vertreter der Makrobiotik ist die Unverträglichkeit von Rohkost nicht verwunderlich. Ihrer Meinung nach benötigt der Mensch zu seinem Wohlergehen erhitzte Nahrung.

Die Vertreter der Trennkost dagegen sagen, daß es primär nicht auf »erhitzt« oder »unerhitzt« ankommt; wichtig ist, daß in einer Mahlzeit konzentrierte Kohlenhydrate und konzentriertes Eiweiß nicht gemeinsam verzehrt werden. Diese Kombination verträgt der menschliche Organismus ihrer Meinung nach nicht.

Einzelne Verfechter der Vollwerternährung entgegnen dazu: »Was geht mich die Trennung von Kohlenhydraten und Eiweiß an? Wichtig ist es, zum Frühstück Frischkornbrei zu essen. Darin sind schließlich alle wichtigen Vitalstoffe enthalten!«

»Um Gottes willen, rohes Getreide zum Frühstück!« Den »Fit for Life«-Anhängern stehen bei diesem Gedanken sicherlich die Haare zu Berge. Ihres Wissens nach befindet sich der Mensch am Morgen in der Ausscheidungsphase und sollte bis zwölf Uhr mittags nur leichtverdauliche Lebensmittel zu sich nehmen. Sie empfehlen daher Obst am Vormittag.

Welche ist die richtige Ernährungsweise?

Nach zähem Ringen um die passende Antwort ging mir nach und nach ein Licht auf: Es gibt nicht *die eine* Ernährung, die für alle optimal ist. Die Spezies Mensch ist so facettenreich und vielfältig in ihrer Ausprägung, daß wir sie nicht »über einen Kamm scheren« und ihr lediglich *eine* »Suppe aus dem großen Topf« anbieten können. Ratsamer ist es herauszufinden, welches Temperament jedem einzelnen innewohnt. Von der Betrachtung der Konstitution aus können wir dann erschließen, welche von den »verschiedenen Suppen« dazu beschaffen ist, das eigene individuelle Potential am besten zu nutzen.

Es kommt demnach *nicht* darauf an, eine von vielen Ernährungsformen zur »besten« zu küren, die für alle Menschen optimal ist, sondern es ist ratsamer, das Pferd andersherum aufzuzäumen – d. h. von den Eigenschaften und Merkmalen des Menschen abzuleiten, welche Nahrung für ihn hilfreich sein kann, ein Leben in Gesundheit und Harmonie zu führen.

Ich möchte Sie zu einem großen, spannenden Fest einladen und Sie als Gast beim *Festmahl der Temperamente* begrüßen.

Die vier Temperamente

Ist der Gedanke nicht faszinierend, daß es unter den Milliarden von Menschen keinen einzigen gibt, der exakt mit denselben Veranlagungen und Merkmalen ausgestattet ist wie Sie?

Jeder Mensch ist mit seinen individuellen Eigenschaften *einmalig* auf dieser Welt vertreten.

Es existieren allerdings gewisse Parallelen zwischen einzelnen Menschen-»Typen«, die diese tendenziell in verschiedene Gruppen zusammenfassen: Da gibt es die ruhigen und gemütlichen Zeitgenossen, die gemächlich und behäbig ihren Weg beschreiten, und als Polarität dazu die dynamischen und impulsiven Hitzköpfe, die gerne im Rampenlicht stehen, um auf sich aufmerksam zu machen. Eine Gruppe von Menschen braucht ein Stück Kuchen nur anzuschauen und gewinnt dadurch schon an Gewicht, wogegen andere sich im Übermaß der Süße des Lebens hingeben, ohne ein Gramm zuzunehmen.

Besonders augenscheinlich werden die Unterschiede und Parallelen von charakterlichen Eigenschaften, wenn sich eine Gruppe von Menschen zu einer gemeinsamen Aktivität zusammenfindet:

Die temperamentvolle Wanderung

Als ich mich vor einiger Zeit mit Freunden zu einer gemeinschaftlichen Wanderung traf, war es interessant anzuschauen, wie schnell sich dabei einzelne Gleichgesinnte zu Grüppchen zusammentaten und gemeinsam ihres Weges gingen.

In der vordersten Linie liefen die sportlichen »Athleten«, denen es in erster Linie darauf ankam, sich zu bewegen und in einer guten Zeit das Ziel zu erreichen. Ob die anderen nun mithielten oder nicht, war den Emsigen relativ egal. Schließlich konnte man auch am Ziel-Café beisammen sein und sich austauschen. »Wer rastet, der rostet« war ihre Devise.

In der zweiten Reihe sammelten sich die Lauffreudigen, aber auch Naturinteressierten, die hier und da einmal anhielten, um Pflanzen und Bäume ein wenig näher zu betrachten. Ein gutes Stück zurückliegend kamen dann die Redseligen, die mehr Wert auf ein unterhaltsames Gespräch als auf Naturbetrachtungen oder ein schnelles Erreichen des Ziels legten.

Abgeschlagen auf den hinteren Plätzen wanderten schließlich die Vertreter der Gemütlichkeit, ausgerüstet mit einem kleinen Rucksack, der genügend Essen und Trinken barg, ihres Weges. Sie nutzten jede Möglichkeit, ein Päuschen und ein Vesperchen einzulegen und kamen entsprechend als letzte beim gemeinsamen Treff im Café an, nicht ohne sich dort noch ein leckeres Stück Torte zu genehmigen.

Wie Sie sehen, hatte auf dieser Wanderung jede Gruppe ihre individuelle Art, das Ziel zu erreichen. Einige kamen sehr schnell dort an, bei anderen dauerte es etwas länger. Jeder erreichte das anvisierte Café in dem Rahmen, den sein individuelles Temperament zuließ.

Je nach seiner Veranlagung handelt der Mensch also in bestimmten Lebenslagen unterschiedlich. Die Art, wie er handelt, hängt entscheidend von der Beschaffenheit seines Temperaments ab.

Ursprung der Temperament-Philosophie

Mehr als 2000 Jahre ist es her, daß der Vater der Heilkunde, Hippokrates (460–377 v. Chr.), die Lehre von den vier Temperamenten aufstellte. Er unterschied vier verschiedene Körpersäfte, die auf unterschiedliche Art im Menschen wirken: die gelbe und die schwarze Galle, Schleim und Blut. Hippokrates ordnete diesen vier Säften wiederum vier in der Natur waltende Elemente – Feuer, Wasser, Luft, Erde – zu und leitete hieraus die vier Temperament-Typen des Menschen – Choleriker, Phlegmatiker, Sanguiniker, Melancholiker – ab.

Die Entsprechungen des Hippokrates

Temperament	**Element**	**Körpersaft**
Choleriker	Feuer	Gelbe Galle
Phlegmatiker	Wasser	Schleim
Sanguiniker	Luft	Blut
Melancholiker	Erde	Schwarze Galle

Betrachten wir den Menschen mit seinen charakterlichen Eigenschaften und vergleichen diese mit den vier in der Natur vorkommenden Elementen, so sehen wir, daß es eine auffallende Übereinstimmung zwischen ihnen gibt, nämlich die Eigenschaften kalt – feucht – trocken – warm.

Mit diesen Eigenschaften vor Augen können wir im groben schon Wesensmerkmale erkennen, die den jeweiligen Menschentypus ausmachen:

der aktive, dynamische Choleriker	–	Feuer	–	warm
der in sich ruhende Phlegmatiker	–	Wasser	–	feucht
der bewegungsfreudige Sanguiniker	–	Luft	–	trocken
der nach innen gekehrte Melancholiker	–	Erde	–	kalt

Wie wir sehen, finden wir jedes dieser vier Temperamente in der Natur in Form eines der Elemente wieder. Der Einfachheit halber wird im folgenden Text die Elementbezeichnung (Feuer, Wasser, Luft, Erde) stellvertretend für das entsprechende Temperament stehen.

Jedem Menschen wohnen verschiedene Temperamente inne

Grundsätzlich sind so gut wie immer alle vier Elemente im Menschen vertreten, wobei meist aber ein bis zwei dominieren. So gibt es z. B. das Wasser/Erd-Temperament oder das Feuer/Luft-Temperament. Die Elementverteilung im Menschen ist nicht als feststehend oder starr zu betrachten. Sie ist ständigen Veränderungen unterworfen. Diese werden u. a. von der Jahreszeit, der Lebensepoche, der Art der Ernährung und vielem mehr beeinflußt.

Das Feuer-Temperament

Für den Feuer-Typ stehen Eigenschaften wie Vitalität, Abenteuerlust, Willensstärke, Mut, Optimismus und Selbstbewußtsein. Bei Menschen, die gerne im Mittelpunkt stehen, die ein Führungsnaturell haben, ist das Feuer-Element dominierend. Oft scharen sich Menschen um den Feuer-Typ, die er zu begeistern vermag und die ihm als Wortführer folgen. Allein seine Entwicklung und Reife entscheidet darüber, ob er ihnen eine Hilfe sein kann, ihnen Kraft und Stärke vermittelt, oder ob er zum Zentrum allen Ärgernisses wird und seine Mitmenschen in Form eines Tyrannen eigennützig schikaniert und ausbeutet.

Der Vulkanausbruch

Heftige Gefühlsregungen von überschwenglichem Umarmen bis vulkanartigen Wutausbrüchen sind charakteristisch für ihn. Nichts kann den Feuerbrand, ist er erst einmal ausgebrochen, mehr bremsen. Das Beste, was man einem hitzigen, aus dem Häuschen geratenen Feuer-Typ antun kann, ist, ihn mit dem feuchten Element Wasser zu beglücken und ihm einen Eimer desselben zur Abkühlung über den Kopf zu schütten.

Das Hauptmerkmal des energiegeladenen Feuer-Typs ist seine unbändige Willenskraft. Was er erreichen will, setzt er auch durch. Geradlinig verfolgt er sein Vorhaben und erreicht das angestrebte Ziel (fast) immer. Wenn nicht, so ist mit ihm nicht gut Kirschen essen. Feuer-Typen sind keine guten Verlierer!

Charakteristisch für diesen Typ ist sein Drang nach Unabhängigkeit. Er benötigt einen großen Freiraum um sich herum und verteidigt diesen oft mit allen Mitteln. Seine Freiheit ist ihm heilig, vor allem die Willensfreiheit. Das Feuer-Temperament weiß seine Meinung zu verteidigen und läßt keinen Widerspruch zu. Wehe dem, der sich mit ihm auf eine Diskussion einläßt!

Der Frühaufsteher

Der Feuer-Typ liebt es, morgens früh aufzustehen und voller Tatendrang den neuen Tag zu begrüßen. Er ist nach dem Aufwachen meist gleich hellwach und bereit dafür, neue Abenteuer zu bestehen. Würde er in der Nähe eines Bachs leben, so wäre ein Sprung ins kalte Wasser das erste, was er direkt nach dem Aufstehen tun würde.

Die große Stärke des feurigen Temperaments ist sein Selbstbewußtsein und seine Begabung, andere mitreißen zu können. Ist die Lage auch noch so aussichtslos, der Feuer-Typ gibt nicht auf. Im Gegenteil, er muntert die Resignierenden auf und animiert sie zum Weitermachen. Er kann Vertrauen und Begeisterung erwecken. Manchmal übertreibt er es aber auch und merkt nicht, daß er an seine Mitmenschen zu hohe Anforderungen stellt.

Feuer-Typen sind stolz auf sich selbst und können diese Tatsache meist nur schwer verbergen. Sie sind oft unfähig, sich selbst in Frage zu stellen, oder einzusehen, daß sie einen Fehler begangen haben. Das Feuer-Temperament neigt zu Extremen. Bei keinem anderen Temperament kommt das Wechselspiel zwischen Liebe und Haß so stark zum Vorschein wie bei diesem. In ihm wohnt sehr große schöpferische Energie, aber auch vulkanische Zerstörungskraft. Feuer-Typen können Länder oder ganze Kontinente zerstören, aber auch der Menschheit den Weg zum Paradies öffnen. Gerade für die dominanten Persönlichkeiten, die Menschen begeistern können, ist es wichtig, ihre Fähigkeiten nicht eigennützig auszuschlachten, sondern in den Dienst eines höheren Ideals zu stellen.

Die Schwäche des Feuer-Typs ist, daß er in vielen Bereichen des Lebens wenig Geduld aufbringt, gerade bei den Menschen, die nicht so voller Tatendrang sind, wie er es sich vorstellt. Oft neigt er dazu, seine empfindsameren und sanfter veranlagten Mitmenschen ungeduldig zu »überfahren«. Er fühlt sich durch die Erd- oder Wasser-Temperamente oft abgebremst und meidet daher häufig auch deren Gegenwart, obwohl er doch einiges von deren ruhiger, gemütlicher und gefühlvoller Art lernen könnte.

Der Körperbau des Feuer-Typs

Den Feuer-Typ kennzeichnet durchschnittliche Körpergröße und Statur. Er ist von der Gestalt her oft kompakt und athletisch gebaut. Symptomatisch für ihn sind eine große Anzahl Sommersprossen und Muttermale. Dieses Temperament hat oft rötliche oder blonde Haare, der Teint kann gelblich, rötlich oder hell sein. Meist neigt dieser Typ zu frühzeitigem Ergrauen oder Haarausfall. Die Augen machen einen leuchtenden, wachen Eindruck.

Der Feuer-Typ schwitzt leicht und viel, besonders bei schwülem Wetter und im Sommer. Seine helle Haut bräunt nur sehr langsam und ist daher für Sonnenbrand anfällig. Es ist für dieses Temperament nicht ratsam, sich zu lange der Sonne auszusetzen, da es starke Sonneneinwirkung nur schlecht verträgt.

Die Nasenform dieses Typs ist oft sehr ausgeprägt, die Nasenspitze neigt zu rötlicher Verfärbung. Im Gegensatz zum Wasser-Typ hat er grundsätzlich warme Hände und Füße, was auf seinen gut funktionierenden Kreislauf zurückzuführen ist.

Achten Sie einmal nachts auf die Füße Ihres Partners. Hängen diese (auch im Winter) aus dem Bett heraus, so ist der Gute sicherlich vom Element Feuer geprägt.

Feuer-Temperamente nehmen oft große Nahrungs- und Flüssigkeitsmengen zu sich. Interessant ist, daß sie dabei meist nicht an Gewicht zulegen (im Gegensatz zum Wasser-Temperament). Dies ist auf ihr gut funktionierendes Stoffwechselsystem und damit auch auf ihre rege Verdauung zurückzuführen.

Wo finden wir das Feuer-Temperament im alltäglichen Leben wieder?

In unserer Gesellschaft ist das feurige Temperament oft in führenden Positionen wiederzufinden. Da ist der dynamische Manager, der den steilen Weg seiner Karriere mit Elan beschreitet; der durchsetzungsstarke

Politiker, der in Debatten durch seine *feurigen* Reden auffällt, aber auch der Pfarrer, der mit mahnendem Zeigefinger von der Kanzel herab seiner Gemeinde die Leviten liest. Sie alle sind diesem Temperament zuzuordnen.

Erlöste und unerlöste Eigenschaften

Was bedeutet »erlöst« und »unerlöst«?

Jedem Menschen wohnt ein gewisses Potential an Eigenschaften inne, die, je nachdem auf welcher Entwicklungsstufe er sich befindet, frei oder voll von Leid – oder eben erlöst oder unerlöst sind. Ist ein Mensch z. B. sehr gefühlvoll und sensibel und läßt sich durch jeden kleinen Rüffel seiner Mitmenschen aus der Bahn werfen, so ist seine gefühlvolle Art unerlöst. Lernt er es jedoch, sich bis zu einem gewissen Grad von äußeren Widrigkeiten abzugrenzen und seine gefühlsbetonte Art zum Wohle der Menschheit einzusetzen, indem er seinen Mitmenschen Trost und Geborgenheit vermittelt, so hat sich die leidvolle – unerlöste – Eigenschaft in eine erlöste verwandelt.

Der erlöste Feuer-Typ

Ist der Feuer-Typ in seiner Mitte, so strahlt er Wärme und Herzlichkeit aus. Er gibt seinen Mitmenschen gern von seiner überschüssigen Energie ab. Das erlöste Feuer-Temperament ist hilfreich, hingebungsvoll und bemüht um das Wohlergehen der anderen. Seine Begeisterungsfähigkeit kann jeden noch so großen Melancholiker mitreißen. Der fairneßliebende Typ wird zum Kämpfer gegen die Ungerechtigkeit. Sein Mut und seine Willensstärke geben ihm die Kraft, sich für die Rechte der Unterdrückten einzusetzen.

Er kann durch sein Charisma, durch seine Großzügigkeit, Herzlichkeit und eine sich schier grenzenlos verströmende Liebe auch andere Menschen in ihren Zielsetzungen unterstützen, ohne sich dabei bereichern zu wollen.

Der unerlöste Feuer-Typ

Der unerlöste Feuer-Typ neigt dazu, ungeduldig, herrschsüchtig, rechthaberisch und eifersüchtig zu sein. Er benötigt immens viel Anerkennung von seinen Mitmenschen und kann ohne diese das Leben nur schwer ertragen. Ihm fehlt die Kraft, Anerkennung von innen heraus zu schöpfen.

Ein Feuer-Temperament, welches im Ungleichgewicht ist, setzt sich mit beiden Ellenbogen in der Gesellschaft durch, und zwar ohne Rücksicht auf Verluste. Dieser Typus ist leicht erregt und gereizt, neigt zu Wutausbrüchen und Gewaltanwendungen. Er ist oft jähzornig und strapaziert die Nerven seiner Mitmenschen. Unerlöste Feuer-Typen machen einen ausgezehrten Eindruck. Ihr Tatendrang peitscht sie unaufhörlich nach vorn und ihr inneres Selbst ist nicht mehr fähig wahrzunehmen, daß es Zeit ist, eine schöpferische Pause einzulegen.

Der unerlöste Feuer-Typ ist oft ungestüm, überheblich und selbstgefällig. Er rast, wütet und zerstört. Sein inneres Feuer drängt ihn so lange zu neuen Taten, bis es unweigerlich zum Zusammenbruch kommt. Jetzt wird er dazu gezwungen, zur Ruhe zu kommen, sich zu sammeln und zu besinnen, seine wahren Bedürfnisse wahrzunehmen und dementsprechend zu handeln. Manchmal kann eine Krankheit dem Feuer-Naturell eine wertvolle Hilfe dafür sein, wieder in die Mitte zu kommen. Ein guter Therapeut oder Mediziner wird diesen Heilwerdungsprozeß nicht mit Medikamenten unterdrücken. Er wird erkennen, daß dieser körperliche oder seelische Zusammenbruch notwendig ist, um dem Betroffenen eine Ruhepause zu verschafffen; dann wird dieser schließlich mit neu gewonnener Kraft den Aufgaben des Lebens besser gewachsen sein, ohne sich bei den kommenden Aktivitäten zu überfordern.

Das Feuer-Temperament und seine Eigenschaften

Positiv

* temperamentvoll, hitzig, freiheitsliebend, unbeugsam
* hilfreich, hingebungsvoll
* Vitalität, Abenteuerlust, Mut, Willensstärke, Stolz
* Optimismus, Selbstbewußtsein
* Führungsnaturell
* heftige Gefühlsregungen
* Ausstrahlung von Herzlichkeit und Wärme

Negativ

* ungeduldig, herrschsüchtig, rechthaberisch
* reiz- und erregbar, jähzornig, zerstörerisch
* tyrannisch, eigennützig
* Neigung zu Wutausbrüchen und Gewaltanwendung

Körperliche Merkmale

* mittelstarker bis kräftiger Knochenbau
* kompakete, athletische Gestalt
* blonde, rötliche Haare
* leuchtende, wache Augen
* häufige Schweißabsonderung
* helle Haut
* Neigung zu Sonnenbrand
* gut funktionierendes Stoffwechselsystem
* warme Hände und Füße
* rege Verdauung

Gesellschaftliche Rolle

* der dynamische Manager
* der durchsetzungsstarke Politiker
* der mahnende Pfarrer

Das Wasser-Temperament

Menschen mit einem hohen Anteil des Wasser-Elements sind sehr gefühlvolle, tiefgehende und intuitive Persönlichkeiten. Der Wasser-Typ läßt sich sehr von der Stimmung seiner Mitmenschen beeinflussen und erlebt Freud und Leid anderer, als ob es die eigenen wären. Er *zerfließt* oft vor Mitleid. Seine Emotionen reichen von zwanghaften Leidenschaften und tiefgehenden Ängsten bis hin zu überschäumender Freude oder gar zur allumfassenden Liebe. Dieses Temperament ist oft sehr sensibel und verletzlich und umgeht daher gern handfeste Auseinandersetzungen. Die Empfindsamkeit des Wasser-Typs muß aber nicht mit Schwäche gleichgesetzt werden, denn dem Element Wasser wohnt große Kraft inne. Das Wasser-Temperament trumpft zwar nicht so gewaltig wie der Feuer-Typ auf, doch gerade wenn es darum geht, über einen längeren Zeitraum hinweg Ausdauer zu zeigen, offenbart sich die Stärke des Wassers. *Steter Tropfen höhlt den Stein!*

Wasser-Typen lassen sich nicht so schnell von ihrem Ziel abbringen. Sie arbeiten konzentriert darauf hin und setzen dabei ganz gezielt ihre intuitiven und sensitiven Fähigkeiten ein.

Die Macht des Wassers

Folgendes Zitat von John Blofeld* beschreibt sehr schön die Ausdruckskraft des Wasserelements:

»Von allen Elementen sollte der Weise sich das Wasser zum Lehrer wählen. Wasser gibt nach, aber erobert alles. Wasser löscht Feuer aus oder, wenn es geschlagen zu werden droht, flieht es als Dampf und formt sich neu.

Wasser spült weiche Erde fort oder, wenn es auf Felsen trifft, sucht es einen Weg, sie zu umgehen. Es befeuchtet die Atmosphäre, so daß der Wind zur Ruhe kommt. Wasser gibt Hindernissen nach, doch seine Demut

* Blofeld, »Das Rad des Lebens«, S. 78; in: Arroyo, 1992, S. 115.

täuscht, denn keine Macht kann verhindern, daß es seinen vorbestimmten Lauf zum Meer folgt. Wasser erobert durch Nachgeben; es greift nie an, aber gewinnt immer die letzte Schlacht.«

Die Wogen des Sturms

Bleiben wir noch etwas bei der Wesensart des Wasser-Temperaments: Es ist bekannt für sein zufriedenes und gemütliches Auftreten. Nur schwerlich kann es irgend etwas aus der Ruhe bringen. Steht es im Supermarkt wartend in einer langen Schlange von Menschen zur Kasse an und jemand drängelt sich vor, so wird es diesen gütig gewähren lassen, ohne sich zu beschweren. Um es überspitzt an einem Beispiel zu zeigen: Fahren Sie beim Einparken einem Wasser-Typ ins Auto, so wird dieser schlimmstenfalls mahnend den Zeigefinger erheben. Es kann aber auch sein, daß er Sie zu einem gemeinsamen Plausch bei Kaffee und Kuchen einlädt, sozusagen als Entschuldigung dafür, daß sein PKW Ihnen im Wege stand.

Doch wehe dem, der in der Nähe ist, wenn das Faß des Wasser-Temperaments einmal überläuft, wenn der Wasser-Typ zu sehr über einen längeren Zeitraum hinweg gereizt wird und sich seine Emotionen in Form eines Hurrikans entladen. Da fliegen Tassen und Teller und der Toaster landet im Treppenhaus – doch wenn sich der Sturm gelegt hat, kehrt wieder für lange Zeit Ruhe ein. Die Wogen des Sturms haben sich geglättet, auf der See ist nun nicht einmal mehr der Ansatz einer Welle zu sehen. Ruhig und gelassen folgt der Wasser-Typ seinem Lebensweg weiter, ohne einer Fliege ein Haar krümmen zu können.

In mancherlei Hinsicht ist das Wasser-Temperament mit einem Grizzlybären zu vergleichen, den unter normalen Umständen nichts aus der Ruhe bringt: Doch wenn er gereizt wird oder an Hunger leidet, wird er zur Bestie und kann von niemandem mehr gebändigt werden.

Ein mitfühlendes Umfeld

Der Wasser-Typ benötigt für sein Wohlbefinden um sich herum Menschen, die, so wie er auch, von mitfühlender Natur sind, Menschen, die seine Freuden und Ängste verstehen, mit denen er sich austauschen kann.

Begeben wir uns kurz in das Wartezimmer einer Arztpraxis. Hier tauschen sich die gleichgesinnten Phlegmatiker untereinander aus, wie schlimm es doch um die eigene Gesundheit steht, und daß von der letzten Erkältung noch ein unangenehmes Kratzen im Hals zurückgeblieben ist, zu dessen Bekämpfung man nun hier ausharrend im Warteraum verweilt.

Manchen Außenstehenden wird es fremd vorkommen, wie Menschen sich so voller Wonne über ihre Wehwehchen und Krankheiten austauschen können und darin aufgehen, aber für die etwas sensiblen und empfindlichen Temperamente ist es sehr wichtig, ihre Empfindungen nach außen zu tragen und sich anderen mitzuteilen.

Feurige Menschen können diese Wehleidigkeit oft nur schwer verstehen. Das ist mit ein Grund, warum das Feuer- und das Wasser-Temperament im Umgang miteinander oft Probleme haben. Aufbrausende, lautstarke, dominante Persönlichkeiten sind nicht gerade die Spezies von Mensch, in deren Gegenwart sich der Wasser-Typ wohl fühlt. Von ihnen fühlt sich das vergleichsweise sensible und empfindsamere Wasser-Naturell oft übergangen und mißverstanden.

Doch gerade von den *Feurigen* könnte der Wasser-Typus eine ganze Menge lernen, z. B. bei der kleinsten Unpäßlichkeit nicht gleich in eine Krise zu verfallen, sondern sich am eigenen Schopf aus dem Leid herauszuziehen.

Hat sich der Wasser-Typ eine leichte Erkältung zugezogen, so wird er sofort, mit einer Wärmflasche ausgerüstet, das wärmende Bett aufsuchen und sich in tiefer Ergebenheit zu seiner Krankkeit für die nächsten Tage von der Außenwelt zurückziehen. Auch wenn die Erkältung schon abgeklungen ist, wird vorsichtshalber die Rekonvalenzzeit noch um einige Tage erweitert. Befindet sich im Freundes- oder Familienkreis ein Feuer-Naturell, so wird dieser sicherlich den Wehleidigen mit dem »Besen der Aufmunterung« aus seinem Bett kehren und an die frische Luft schicken. Doch die Wahrscheinlichkeit, daß ein feuriger Zeitgenosse sich im »Dunstkreis« des Wasser-Temperaments befindet ist sehr gering. Er fühlt sich wie gesagt mehr von ruhigen, behutsamen und mitfühlenden Menschen angezogen. – »Gleich und Gleich gesellt sich gern!« –

Der Körperbau des Wasser-Typs

Es gibt nichts Schöneres für den Wasser-Typ, als sich bei Kaffee, Kuchen und klassischer Musik des Lebens zu freuen. Der genüßliche Lebensstil hat natürlich auch seinen Preis. So neigt dieses labile und langsame Temperament oft zu Übergewicht und einem aufgeschwemmten Körper. Der Wasser-Typ nimmt leicht zu und schwer ab. Charakteristisch für ihn ist, daß er (besonders im Winter) oft kalte Hände und Füße hat. Seine Augen sind sanft und weich. Wenn wir in sie hineinschauen, sehen wir, daß sich darin die Weite des Meeres widerspiegelt. Der Teint des Wasser-Naturells ist hell, seine Haut weich, glänzend und ölig. Die Stimme ist melodisch, leise und gefühlvoll. Seine Verdauung ist oft schwach und labil. Genauso behäbig arbeitet der Kreislauf des Wasser-Typs (daher auch die Neigung zu kalten Händen und Füßen). Er wird oft von Erkältungen und Verschleimung heimgesucht. Die Bewegungsart dieses Temperaments ist langsam, behäbig und gleitend.

Wo finden wir das Wasser-Temperament im alltäglichen Leben wieder?

Wer kennt sie nicht, die vielschichtige Wesensbeschreibung der Moldau von Friedrich Smetana. An einigen Stellen ist dieser bekannte Fluß aufbrausend und schäumend, an anderen dagegen ruhig und gemächlich, aber auch tief und unnahbar. Genauso vielseitig ist auch der Wasser-Typ im alltäglichen Leben vertreten: Etwa durch das Haus der Künste, in dem die gefühlvollen Dichter, Komponisten, Maler und Lyriker aus dem tiefsten

Innern ihrer Seele schöpfen. Aber auch in der Therapeutik finden wir diesen Typus wieder. Seine Stärke ist das Zuhörenkönnen, das intuitive Verständnis für die Probleme des Ratsuchenden. Das Wasser-Temperament weiß um die Ängste und Schwächen seiner Mitmenschen, es kann sich gut in ihre Lage hineinversetzen und eignet sich daher bestens zum praktizierenden Arzt oder Therapeuten.

Man entdeckt den Wasser-Typ auch in sozialen Berufen, wie z. B. Krankenschwester, Sozialarbeiter oder Gemeindearbeiter, also im Dienste seiner Mitmenschen.

Der erlöste Wasser-Typ

Wenn das Wasser-Temperament in seiner Mitte ist, strahlt es Ruhe und Gelassenheit aus. Der Wasser-Typ ist dann liebevoll, tolerant und verzeiht seinen Mitmenschen gern. Er ist von einer strahlenden Freundlichkeit und Glückseligkeit erfaßt. Erlöste Wasser-Naturelle sind gesund und zufrieden. Beständig, ausdauernd, treu und gefühlsbetont gehen sie ihres Weges. Das hingebende und bedingungslos liebende Prinzip steht hinter dem vollendeten Wasser-Typ. Er ist jemand, in dessen Gegenwart man sich einfach geborgen und wohl fühlt. Haben Sie ein Problem? Dann vertrauen Sie sich dem erlösten Wasser-Typen an. Er kann mit Ihnen fühlen, Sie verstehen und Ihnen aus Ihrem Tief heraushelfen.

Der unerlöste Wasser-Typ

Unerlöste Eigenschaften dieses Temperaments sind Ängstlichkeit, Trägheit, Unentschlossenheit, Bequemlichkeit und Überempfindlichkeit. Das unerlöste Wasser-Temperament tut sich schwer damit, sich von den Problemen, Leiden und Aggressionen seiner Mitmenschen abzugrenzen.

Oft saugen sich wasserbetonte Menschen förmlich voll mit den Emotionen anderer und erfahren diese am eigenen Leibe. So sammeln sich neben den eigenen Gefühlen auch noch die Emotionen der Umwelt an. Dazu kommt zusätzlich, daß der unerlöste Wasser-Typ nur schwer seine Gefühle ausdrücken kann, diese sich also bei ihm anhäufen, bis sie sich, nach langer Zeit, über einen vulkanartigen Ausbruch über seine Mitmenschen ergießen oder in Form von Übergewicht sein äußeres Erscheinungsbild beherrschen.

Der unerlöste Wasser-Typ flüchtet sich oft (durch Bücher oder Filme) in eine Traumwelt, die frei von Gewalt und Aggressionen ist. Die Gefahr dabei ist, daß er sich dadurch von seinen Mitmenschen isoliert und den Kontakt zur Realität verliert. Schnell kann sich dann eine gewisse Gleichgültigkeit gegen die Umwelt einschleichen, die dieses Temperament zu einem trägen, labilen, lustlosen Mitmenschen werden läßt.

Wer ist schon perfekt?

Nicht gleich aufgeben! Wer kann schon von sich behaupten, daß er alle Aufgaben, die ihm das Leben stellt, meisterhaft löst? »Nobody is perfect!« Es wandeln hier auf Erden nur wenige Menschen, deren Eigenschaften *alle* »erlöst« sind. Grundlegend für das Umwandeln der eigenen Schwächen in Stärken ist die Eigenliebe. Um diese zu festigen empfiehlt es sich, als tägliche Übung folgende Gedanken in sein Leben zu integrieren:

»Ich bin gut! Ich habe gute Eigenschaften! Ich liebe mich, und ich bin liebenswert!«

Darauf aufbauend können dann die eigenen kleinen Schwächen betrachtet werden:

»Was ist an meiner Persönlichkeit zu verbessern, welche Charakterzüge tun mir nicht gut?«

Nach dem Erkennen der Schwächen folgt der Schritt des Umwandelns. Es ist allerdings wichtig, erst einmal seine Schwächen vollkommen anzunehmen, sie zu akzeptieren und *danach* erst ins Positive umzuwandeln.

Wird der Schritt der Akzeptanz ausgelassen, so fehlt damit sozusagen der Nährboden für eine positive Weiterentwicklung. Das kann zur Folge haben, daß sich bei der nächsten Belastung die erlöste Eigenschaft in eine unerlöste zurückverwandelt.

Das Wasser-Temperament und seine Eigenschaften

Positiv

* gefühlvoll, tolerant, liebevoll, treu, glücklich
* intuitives Verstehen
* emotionale Tiefe
* zufrieden, gemütlich, ruhig, langsam
* weich, beständig
* hilfsbereit, friedliebend

Negativ

* ängstlich, träge, bequem
* labil, überempfindlich
* Unfähigkeit zur Abgrenzung gegen andere
* schwaches Durchsetzungsvermögen
* Antriebsschwäche, Gleichgültigkeit

Körperliche Merkmale

* schwammige Statur
* glänzende, ölige Haut
* melodische, gefühlvolle Stimme
* schwacher Kreislauf
* kalte Hände und Füße
* schwache Verdauung
* leicht fettendes Haar

Gesellschaftliche Rolle

* Poet, Maler, Komponist
* Therapeut, Arzt
* Sozialarbeiter, Krankenschwester

Das Luft-Temperament

Luft-Menschen sind gesellig, flexibel und lieben Denksportaufgaben. Sie sträuben sich gegen geordnete Verhältnisse und alte Traditionen und benötigen zu ihrem Lebensglück ein hohes Maß an Abwechslung. Nichts ist für sie qualvoller, als jeden Tag zur gleichen Zeit aufzustehen und zu Bett zu gehen. Das sind die Menschen, die sich bis in die Nacht hinein in ein Buch vertiefen können oder bis morgens um fünf Uhr in die Disco gehen und dann bis Mittag im Bett liegen.

Im Gegensatz zum Erd-Typ (der Monate hinweg allein auf einer abseits gelegenen Insel verbringen kann), braucht der Luft-Typ Menschen um sich. Darum ist er oft in Vereinen, Clubs und Tanzlokalen anzutreffen.

Das Luft-Temperament ist schnell zu begeistern, und Vertreter im Außendienst werden mit einem *Luftikus* schnell handelseinig werden: Man umgarne ihn, wecke seine Neugier und preise das eigene Produkt lautstark an – und begeistert wird der Luft-Typ unterschreiben.

Die Launen dieses Temperaments können wechselhaft wie das Wetter sein, mal tief betrübt, mal sonnig und strahlend. Im Vergleich zum gefühlvollen Wasser-Typ ist das Luft-Naturell eher kopfbetont. Wer kennt sie nicht, die ewigen Weltverbesserer, die sich bis in die frühen Morgenstunden hinein am Tresen einer Kneipe über die Theorien von Marx, Hegel und Nietzsche auslassen. Doch man wage nicht, ihnen so eine »gewöhnliche« Aufgabe wie das Mähen des Rasens oder das Stopfen von Socken zu übertragen. Mit solch trivialem Tagwerk haben sie nichts am Hut.

Das Reich der Sinne

Der Luft-Typ ist jemand, der nur schwer abschalten kann. Seine Sinne stehen immer unter Hochspannung. Geht die Tür auf, so muß nachgesehen werden, wer hereinkommt; klingelt das Telefon, so ist er der erste, der den Hörer abnimmt. Hier kommt natürlich auch die ausgeprägte Neugier dieses Temperaments durch. Oft schwebt das Luft-Naturell mit seinen Gedanken über den Wolken und geht dabei sehr unkonzentriert an seine

»bodenständigen« Tätigkeiten heran. Man muß darauf vorbereitet sein, daß man ihm gestern etwas erzählt hat, er es heute aber schon gar nicht mehr weiß; der Luft-Typ ist nämlich sehr vergeßlich. So kann es vorkommen, daß der Luft-Typ wichtige Verabredungen einfach nicht einhält. Selbstverständlich wird er sich dann aber auch mit einem Blumenstrauß in der Hand dafür entschuldigen. Er ist einfach liebenswürdig, und man kann ihm für seine Vergeßlichkeit nicht böse sein, sie gehört zu seinem Naturell.

Dein Freund und Helfer

Wenn Sie spontan jemanden brauchen, der Ihnen mit Rat und Tat zur Seite steht, fragen Sie einen Luft-Typ. Er wird alles stehen und liegen lassen und sofort kommen. Seine Stärke ist die Flexibilität. Verlangen Sie aber nicht von ihm, daß er morgen zur gleichen Zeit und auch die nächsten Tage regelmäßig zur Hilfe wiederkommt. Damit wird diesem Typ zuviel abverlangt.

Seine Vorlieben und Abneigungen sind äußerst wechselhaft. Mal ist er Freund und Helfer – wenn man ihn ein andermal wiedertrifft, würdigt er einen keines Blickes. Auch in diesem Bereich kann er sehr spontan sein.

Der Luft-Typ hat eine Vorliebe für die »Leichtigkeit des Seins«. Er lacht häufig, tänzelt gerne auf der Sonnenseite des Lebens und schöpft genußvoll aus dem süß schmeckenden Kelch des Lebens.

So tiefgehend die Wasser- und die Erd-Temperamente sind, so leichtfüßig und oberflächlich kann der Luftikus sein. »Verschont mich doch mit der Qual und dem Leid, die hier auf der Erde herrschen! Was geht mich das alles an, was regt ihr euch alle so auf? Es gibt für alle Probleme der Welt eine Lösung.« Dieser Typ verdrängt gern die Schattenseiten des Lebens.

Schweigen ist Silber, Reden ist Gold

Der Luft-Typ ist auf Festen der geborene Unterhalter. Er ist fröhlich, humorvoll und kann bei allen Themen mitreden. Ihm genügt schon die Überschrift eines Zeitungsartikels, um sich über das betreffende Thema genüßlich auszulassen. Im Extrem neigt er zu Übertreibungen. Er kann einem »zureden« und nimmt es, wenn er sehr in Form ist, auch mit der Wahrheit nicht mehr so genau. Dieser Typus gehört zu der Art Mensch, dem immer wieder neue Geschichten einfallen – sein Repertoire ist schier unerschöpflich. Er quillt förmlich über vor lauter Ideen. Jedoch fehlt dem Luft-Temperament oft die Gabe, diese Ideen auch in die Tat umzusetzen. Dazu reicht sein Potential nicht aus. Der Luft-Typ entwickelt mit Begeisterung eine neue Formel, aber die praktische Anwendung überläßt er lieber anderen.

Kein Hang zur Askese

Wenn der Luft-Typ etwas am wenigsten verträgt, dann ist es ein karges Dasein zu fristen. Wenn der Erd-Typ sich sprichwörtlich von Brot und Wasser ernährt, so benötigt der Luft-Typ im Gegenteil eine große Auswahl an Speisen. Er ist nicht zum Asketen geboren. Man heirate einen Luftikus und offenbare ihm nach der Trauung, daß der eigene sehnlichste Wunsch sei, ein Haus zu bauen und dafür die nächsten Jahre Geld zu sparen und eingeschränkt zu leben. Er wird umgehend die Scheidung einreichen. Nur eines kann die Katastrophe noch verhindern: das Angebot, mit ihm spontan eine Weltreise zu machen. Schon wendet sich das Blatt, denn das Luft-Naturell ist äußerst reisebegeistert.

Suchet, so werdet ihr finden!

Oft sind luftbetonte Menschen auf der Suche – nach der ewigen Wahrheit, dem Heiligen Gral oder dem Sinn des Lebens. Im religiösen Bereich ist dies weniger die Suche nach dem Glauben an das Göttliche als vielmehr die rationale, analytische, theologische Auseinandersetzung mit dem Thema Religiosität. Auf intellektueller Ebene drückt sich der »Suchinstinkt« etwa als Suche nach der Lösung einer komplizierten Mathematikaufgabe oder eines kniffligen Rätsels aus. Verstandesmäßig macht sich der Luft-Typ an die Aufgaben, die ihm das Leben stellt, und versucht sie rational zu lösen.

Der Körperbau des Luft-Typs

Der Luft-Typ ist von der Gestalt her schlank, biegsam, feingliedrig und leicht gebaut. Schmale Schultern und Hüften machen sein äußeres Erscheinungsbild aus. Gelenke, Sehnen und Adern treten bei einem »Luftkörper« deutlich hervor. Die Muskulatur ist nur schwach ausgeprägt und würde keinem Bodybuilder Ehre machen.

Im Gegensatz zum Wasser-Typ nimmt er schwer zu und leicht ab; er neigt daher zu Untergewicht. Typisch für ihn ist sein leicht gewelltes oder krauses Haar (die Antennen zum Kosmos!). Alles, was mit Trockenheit zu tun hat, ist charakteristisch für ihn, so z. B. eine trockene, rauhe Haut oder trockenes Haar. Auch die Fingernägel können brüchig sein. Ebenso neigt sein Stuhlgang dazu, oft hart und trocken zu sein. Er tendiert daher zu Verstopfung.

Das Luft-Temperament hat oft instabile, knackende Gelenke und neigt deswegen zu Knochenbrüchen. Mit elastischem Gang und kurzem, schnellem und tänzerischem Schritt schreitet er beschwingt seines Weges. So unstet wie seine Lebensführung ist auch die Beschaffenheit seiner Verdauung. Diese kann an einigen Tagen sehr gut, an anderen wiederum nur mäßig sein. Auch im Körperbau neigt der Luft-Typ zu Unregelmäßigkeiten. Dementsprechend unproportional groß oder klein sind auch oft seine Hände und Füße. Seine Zähne sind ebenfalls häufig unregelmäßig und schief angelegt. Hat der Erd-Typ einen ruhigen, ausgeglichenen Blick, so wirkt dieser beim Luft-Typ eher fahrig und nervös. Seine Augen sind klein, lebhaft und tiefliegend.

Der Luft-Typ ist aufgrund seines oft schwachen Kreislaufs sehr kälteempfindlich. Da er nur wenig »Speck« auf den Rippen hat, fröstelt er leicht. Er ist jemand, der körperlich wie geistig immer aktiv ist und nur schwer zur Ruhe kommt. Sein Schlaf ist oberflächlich und unruhig – er kommt aber wiederum von allen vier Temperamenten mit dem wenigsten Schlaf aus.

Wo finden wir das Luft-Temperament im alltäglichen Leben wieder?

Im Alltag finden wir den Luft-Typ in Berufen, die geistige Regsamkeit erfordern, so z. B. Lehrer oder Journalist. Aber auch der zerstreute Professor, der vor lauter Ideen und Formeln vom normalen Leben nur wenig mitbekommt, ist diesem Temperament zuzuordnen.

Nicht zu vergessen natürlich das große Heer der Philosophen, Dichter und Denker, die sich der Sinnfrage des Lebens Tag für Tag neu stellen. Sie schweben dabei oft in höheren Sphären.

Welcher berufliche Zweig ist bekannt für seine Redseligkeit? Natürlich der Beruf des Kaufmanns. Hier kann der Luft-Typ so richtig aus sich herausgehen und seine Ware loben, umjubeln und in den Himmel preisen. In arabischen Ländern kommt dazu noch die Kunst des Feilschens. Man muß schon redegewandt sein, um in den Suks von Marokko nicht übers Ohr gehauen zu werden. Hier sind wir schon bei einem Berufsfeld angelangt, das natürlich im Zusammenhang mit dem Luft-Temperament nicht vergessen werden darf: Es ist der Reiseleiter, der von einem Kontinent zum anderen reist, der keine Heimat kennt und seine Wurzeln immer wieder aufs neue ausstreckt, auch wenn sich dabei nur kleine Sprößchen in die Erde winden. Er genießt die »Luft« der großen weiten Welt.

Der erlöste Luft-Typ

Der erlöste Luft-Typ ist jemand, der Frohsinn und Heiterkeit in jeder Lebenssituation verbreitet. In seiner Gegenwart kann man einfach nicht düsteren Gemüts sein. Er vermag depressive Menschen aus ihrer Labilität zu befreien und auf die Sonnenseite des Lebens zu ziehen. Alles, was mit Schönheit und Ästhetik zu tun hat, ist seine Stärke. Man gebe ihm einen Fetzen Stoff, und er wird daraus ein prächtiges Kleid kreieren. Lassen Sie ihm die Freiheit, den Mittagstisch zu gestalten, er wird aus ein paar Blumen und Tannenzweigen eine so schöne Tischdekoration zaubern, daß es Ihnen schier die Sprache verschlägt.

Der »Brückenbauer«

Der gesellige Luft-Typ wird, wenn er in seiner Mitte ist, zwischen den Menschen verbindend wirken. »Laßt uns die Mauern, die zwischen uns sind, einreißen. Laßt uns zusammenkommen und feiern. Wir sind alle Brüder und Schwestern, ob weiß, rot, schwarz oder gelb.« Es ist der Vermittler, der die verschiedensten Völker zusammenzuführen vermag und Kriegen ein Ende setzen kann.

Der Sponti

Die Stärke des erlösten Luft-Typs ist natürlich auch seine Spontaneität. Zu welcher Tageszeit man ihn auch um Hilfe bittet, er wird kommen, und zwar umgehend. Er wird mit Sicherheit mehrere Ideen haben, wie das Problem zu lösen ist. Sind Sie verzweifelt, weil der Wohnzimmerschrank nicht durch die Tür paßt, so wird er Ihnen vorschlagen, ihn zu zerlegen oder durch das Fenster zu lassen. Aber bitten Sie ihn nicht, beim Tragen des Schrankes zu helfen; mit Verachtung wird er das Weite suchen: Hier sind dann doch die Grenzen des erlösten Luft-Menschen erreicht.

Der unerlöste Luft-Typ

Wenn der Luft-Typ nicht in seiner Mitte ist, kann es sein, daß seine Unzuverlässigkeit und Unbeständigkeit ihn daran hindern, eine tiefgehende Freundschaft aufrecht zu halten. Eine Isolation von seinen Freunden ist mit das Schlimmste, was diesem Typ widerfahren kann. Denn die Kunst, ohne viele Menschen um sich herum auszukommen, beherrscht er kaum. Schwierigkeiten im Leben wird dieser Typ auch haben, wenn er auf zu vielen Hochzeiten tanzt, an zu vielen Projekten beteiligt ist und keinen Weg findet, zur Ruhe zu kommen. Die Folge davon kann sein, daß er irgendwann kraftlos zusammenbricht. Seine Lernaufgabe ist, sich nicht zu verzetteln, sich nur für einige wenige Aktivitäten zu entscheiden, in diese fest einzusteigen, sich aber auch genügend Zeit für sich selbst zu nehmen und zum richtigen Zeitpunkt schöpferische Ruhepausen einzulegen.

Der unerlöste Luft-Typ hat Schwierigkeiten, eine Sache, die er einmal angefangen hat, auch zum Abschluß zu bringen. Hat er begonnen, ein Puzzle zusammenzulegen, so wird er mittendrin aufhören, weil es ihn langweilt. Hat ihn die Liebe zu einem anderen Menschen in den Bann gezogen und eine Beziehung entsteht, so kann es gut sein, daß der Luftikus schon nach ein paar Wochen Adieu sagt, weil er jemand anderen kennengelernt hat.

Der unerlöste Luft-Typ läßt sich dadurch, daß er jeden äußeren Reiz ganz bewußt wahrnimmt, so in Anspruch nehmen, daß seine Sinne irgendwann einmal »die weiße Fahne hissen« und kapitulieren – dann nämlich, wenn er auch nachts keinen Schlaf mehr findet, seine Gedanken nicht mehr abstellen kann, innen wie außen nur noch aktiv ist und nicht zur Ruhe kommt. Dies wird unweigerlich zum Zusammenbruch führen.

Das Luft-Temperament und seine Eigenschaften

Positiv
* gesellig, flexibel, begeisterungsfähig, freundlich, beliebt
* kopfbetont, rational, logisch denkend, ideenreich, neugierig
* hilfreich, unterhaltend, fröhlich, humorvoll, erfinderisch
* beschwingt, tänzerisch, spontan, vermittelnd
* reisefreudig
* schönheits- und ästhetikliebend

Negativ
* vergeßlich, unzuverlässig, oberflächlich, unbeständig
* nervös, unausgeglichen, unentschlossen, realitätsfremd
* übertreibt gern, wechselhaft, launisch

Körperliche Merkmale
* schlank, biegsam, feingliedrig, leicht
* schmale Schultern und Hüften
* schwache Muskulatur
* nimmt schwer zu und leicht ab
* trockene, rauhe Haut
* trockenes, krauses oder gewelltes Haar
* schwacher Kreislauf
* knackende Gelenke
* kleine, lebhafte Augen
* leichter, unruhiger, oberflächlicher, kurzer Schlaf

Gesellschaftliche Rolle
* Lehrer
* Journalist
* Philosoph
* Kaufmann
* Reiseleiter

Das Erd-Temperament

Menschen, bei denen das Erd-Element dominiert, sind ein Sinnbild für Beständigkeit. Beharrlich und ausdauernd gehen sie ihren Weg, von dem sie nichts und niemand abbringen kann. Sie stehen mit beiden Füßen fest auf dem Boden. Der Erd-Typ verläßt sich nur auf das, was er mit seinen Sinnen wahrnehmen kann. Er will schmecken, tasten, riechen, hören und sehen. Philosophische Themen oder gar die Bereiche der Gefühlswelt bedeuten ihm nicht viel. Er ist der Praktiker, aber auch das Finanzgenie, das weiß, wie sparsam mit Geld umgegangen wird. Das Erd-Naturell ist vernünftig, realistisch und verantwortungsbewußt; eine gestellte Aufgabe wird es gewissenhaft und fehlerfrei lösen. Der Erd-Typ ist jemand, auf den man sich hundertprozentig verlassen kann, ob es nun um Pünktlichkeit oder die Einhaltung eines Vertrages geht. Seine große Vorliebe sind Traditionen und alte Bräuche: »Warum etwas Neues riskieren, wenn sich das Alte schon seit Jahren bewährt hat?«

Auf so unnütze Tätigkeiten, wie bei Kaffee und Kuchen im Bistro zu sitzen, kann der Erd-Typ nur zu gern verzichten. Nein, ihn trifft man eher in seinem Garten beim Umgraben des Kartoffelbeetes an – wie gesagt, er liebt das Handfeste.

Gesellige Erd-Typen (es soll sie wirklich geben) finden wir in traditionellen Institutionen, wie z. B. im Schützenverein oder bei der freiwilligen Feuerwehr, wieder.

Geordnete Verhältnisse

Lebenswichtig für das Erd-Temperament sind geordnete Verhältnisse – ein sicheres Einkommen, ein Partner, auf den man sich verlassen kann, ein geregelter Tagesablauf: Um sieben Uhr aufstehen, um acht Uhr Frühstück, um dreizehn Uhr Mittagessen, um achtzehn Uhr Abendbrot und um zweiundzwanzig Uhr Schlafengehen. Wird dieser Rhythmus einmal gestört, so herrscht »Katastrophenzustand«, und dieses Temperament benötigt einige Zeit, sich davon wieder zu erholen.

Der Erd-Typ verabscheut Veränderungen. Das wird der Ladenbesitzer des kleinen Tante-Emma-Ladens, in dem der Gewohnheitsmensch schon seit Jahren einkauft, spätestens dann erfahren, wenn er einmal die Tageszeitung nicht wie gewohnt neben der Kasse liegen hat. Die Szene, die dann folgt, wird der gute Kaufmann so schnell nicht vergessen.

Wenig Sinn für das Flüchtige

Wie wir sehen, hat der Erd-Typ nur wenig Sinn für das Flüchtige. Er benötigt Menschen in seinem Umfeld, auf die er sich verlassen kann. Für die Partnerschaft zählt das gleiche. Lose Beziehungen fängt er erst gar nicht an. Deswegen kann es oft sehr lange dauern, ehe man mit Erd-Menschen warm wird oder ehe es gar zu einer Freundschaft kommt. Hat es aber erst einmal gefunkt, so ist der Treueschwur besiegelt und hält auf ewig, denn der Erd-Freund ist jemand, auf den man sich absolut verlassen kann.

Kommt es doch einmal zu einem Streit mit diesem Typ, so wird er seinen »ehemaligen Bekannten« einfach ignorieren – unnachgiebig, wie es seine Art ist.

Versöhnungsbriefe werden nicht beantwortet, kein Telefongespräch geschweige denn eine Entschuldigung wird angenommen. Eisiges Schweigen ist angesagt, bis Gras über die Sache gewachsen ist… und das kann lange dauern! Ihm Nahestehende kennen diese »Eiszeit« schon und machen sich nichts daraus. Denn wie gesagt, es kommt äußerst selten vor, daß eine Freundschaft mit einem Erd-Typ einmal ganz entzweigerät.

Verantwortungsbewußtsein

Das Erd-Temperament ist dazu prädestiniert, Verantwortung zu tragen, aber nicht in vorderster Reihe, dazu fehlt ihm die Entschlußkraft und Wendigkeit. Nein, sein Platz ist eher *hinter* der Führungslinie, sozusagen als rechte Hand des Chefs. Hier kann dieser Typ ergeben, treu und zuverlässig schalten und walten, ohne im Rampenlicht zu stehen (das doch der Feuer-Typ so sehr liebt) und seine glänzenden Fähigkeiten fleißig zum Wohle des Unternehmens einsetzen. Wenn dann am Monatsende eine beachtliche Summe auf sein Konto überwiesen wird, so ist der meiste Teil des Geldes schon verplant. Da wird jedoch keine neue Uhr gekauft oder das Geld gar in der Spielbank verpraßt. Nein, es wird gespart! Denn irgendwann brechen auch einmal die mageren Zeiten an, und darauf will man ja gut vorbereitet sein. Geduldig und diszipliniert legt der Erd-Typ das schwer erarbeitete Geld zur Seite und gibt es nur für etwas ganz Besonderes aus, etwa für den Kauf eines Hauses (mit Garten natürlich). Ansonsten lebt der Erd-Typ anspruchslos und geht allem Luxus- und Konsumverhalten aus dem Weg. Ihn als »geizig« zu bezeichnen wäre zu hart, vielleicht ist mit »sparsam« milder ausgedrückt, was doch so stark den Charakter dieses Temperaments prägt.

Der rote Faden im Leben

Für die Menschen, die den roten Faden in ihrem Leben verloren haben, ist die Hilfe eines Erd-Temperaments äußerst wertvoll. Geduldig und ausdauernd bringt es einem bei, wie man seinen Lebensunterhalt absichert, wie grundlegende Bedürfnisse befriedigt werden und wie man ausdauernd und diszipliniert an die Aufgaben, die einem das Leben stellt, herangeht und sie auch bewältigt. Er kann ein Leben, das aus den Fugen geraten ist, wieder neu *gestalten*, und gerade diese Fähigkeit macht die Stärke des Erd-Typs aus. Ob es nun darum geht, einem Freund aus der Krise zu helfen und ihm neue Perspektiven aufzuzeigen oder bei der Gründung eines Unternehmens mitzuwirken, wo ein fundiert gestalteter wirtschaftlicher Plan die Sicherheit des Unternehmens garantieren soll – hier sind die Fähigkeiten und der ruhende Pol eines geerdeten Menschen gefragt, die dieses Temperament am intensivsten verkörpert.

Der Körperbau des Erd-Typs

Der eher kleine bis mittelgroße Erd-Typ ist von stämmiger Natur mit kräftigem Knochenbau. Körperlich wie seelisch zeichnet ihn große Ausdauer aus. Seine Verdauungsorgane arbeiten gut, aber langsam. Er gehört zu den Menschen, die die Tageszeitung mit auf die Toilette nehmen, denn so schwer und massiv, wie seine Lebensart ist, gestaltet sich oft auch sein Stuhlgang. Auch in puncto Gewichtsfragen dauert bei ihm alles ein wenig länger: Ehe er einige Kilo zu- bzw. abgenommen hat, vergeht eine lange Zeit; er hält sein Gewicht meist konstant. Auch hier ist seine Beständigkeit gut zu erkennen. Der Haarwuchs des Erd-Typs ist stark ausgeprägt, so daß er selten Probleme mit Haarausfall hat. In diesem Zusammenhang ist übrigens auch seine starke Körperbehaarung zu erwähnen.

Im Gegensatz zum Feuer-Temperament ist der Durst des Erd-Typs eher schwach ausgeprägt, genau wie auch seine Schweißabsonderung. Charakteristisch für ihn ist sein tiefer und fester Schlaf. Er kann nachts aus dem Schlafzimmer getragen werden, ohne daß er es merkt.

Insgesamt macht dieses Temperament eine kompakte, schwere, ja fast respekteinflößende Erscheinung aus.

Wo finden wir das Erd-Temperament im alltäglichen Leben wieder?

Das Erd-Temperament verkörpert jemanden, der verläßlich und ordnungsliebend seine Arbeit verrichtet – der Prototyp des Finanzbeamten, der Monat für Monat, Jahr für Jahr unermüdlich an seinen Akten arbeitet, ohne daß er dessen überdrüssig wird. Kurzum, der Erd-Typ ist die »Idealbesetzung« in allen Bereichen, in denen es darum geht, verantwortungsbewußt, korrekt und diszipliniert zu arbeiten – sei es nun als Finanzberater, Architekt oder als zweiter Mann hinter der Geschäftsführung.

Aber auch im praktischen Bereich ist das Erd-Temperament zu Hause; an erster Stelle steht hier natürlich der Landwirt, der gut »geerdet« sein muß, um die Strapazen, die dieser Beruf mit sich bringt, zu bestehen. Der

Gärtner oder der pragmatische Handwerker stehen ebenso als Beispiele für die beruflichen Betätigungsfelder dieses Temperaments. Dies alles sind *handfeste* Berufe, bei denen das Erd-Temperament nach der Arbeit weiß, wovon es müde ist.

Der erlöste Erd-Typ

Das erlöste Erd-Temperament zeichnet der Blick für das Wesentliche aus. Es weiß auch in kritischen Situationen, wo zuerst angepackt werden muß. Unbeirrt leistet der Erd-Typ seine Arbeit und läßt sich durch keinerlei Hindernisse davon abbringen, das angestrebte Ziel weiterzuverfolgen. Erlöste Erd-Naturelle sind Menschen, an denen man sich in krisenhaften Lebensphasen festhalten kann: Wie ein Fels in der Brandung stehen sie einem unerschütterlich zur Seite. Ist ein Problem auch noch so groß, sie halten bedingungslos zu einem. Es sind Menschen, die frei von jeglichen Ansprüchen sind. Sie benötigen kein Video, kein TV zum Lebensglück; ihre Lebenskraft schaffen sie aus sich selbst heraus. Als bestes (wenn auch extremes) Beispiel hierfür seien die indischen Yogis genannt, die abseits von jeglicher Zivilisation in den Weiten des Himalaya ihr Leben ganz dem göttlichen Bewußtsein widmen.

Eine große Stärke des erlösten Erd-Temperaments ist, daß es in noch so großem Chaos, in noch so großer Hektik die Übersicht und Ruhe behält. Wenn das Schiff am Sinken ist, sorgt dieser Typ dafür, daß die Rettungsringe ausgeteilt werden, keine Panik ausbricht und behutsam die Rettungsboote zu Wasser gelassen werden. Das sind Augenblicke, in denen sich dieses Temperament als Lebensretter und Held auszeichnet. Es wird kein Aufsehen darum machen, da solche Rettungstaten für ihn selbstverständlich sind. Ein großes, erlöstes Erd-Potential hat das politische wie auch geistige Oberhaupt der Tibeter, der Dalai Lama. Schon seit Jahrzehnten wird sein Volk von den chinesischen Machthabern unterdrückt, doch er läßt nicht davon ab, mit friedlichen Mitteln gegen dieses Unrecht zu kämpfen – es ist seine Lebensaufgabe, sich für die Freiheit der Tibeter einzusetzen, beharrlich und ausdauernd. Von seinem eigenen Volk wird der 14. Dalai Lama vergöttert, nicht zuletzt wegen seines geduldigen und unnachgiebigen Friedenswillens. Doch er macht kein Aufhebens darum und lebt bescheiden wie ein einfacher Tibeter.

Der unerlöste Erd-Typ

Der unerlöste Erd-Typ neigt dazu, sich von der Außenwelt abzuschotten.

Da er von der Veranlagung her eher ein Einzelgänger ist, fällt es ihm schwer, soziale Bindungen einzugehen, was im extremsten Fall zu einem kargen Einsiedlerleben führt. Die Folge davon kann sein, daß er grüblerisch, eigenbrötlerisch und depressiv wird.

Seine ausgeprägte Sparsamkeit birgt die Gefahr, daß er auf seinen gesammelten Reichtümern sitzenbleibt und vor lauter Geiz und Engstirnigkeit die Augen vor der Not und Armut anderer Menschen verschließt. Hier sehen wir, daß eine starre Lebenseinstellung leicht in Sturheit oder gar Gefühlskälte umschwenken kann.

Das Erd-Temperament muß darauf achten, daß es sich nicht zu sehr von seinem Routine- und Ordnungsdrang beherrschen läßt, das heißt, daß eine Störung seines Lebensrhythmus nicht einen innerlichen Zusammenbruch nach sich zieht. Diesbezüglich würde ihm eine gewisse Lockerheit gut zu Gesicht stehen, die ihm natürlich nicht leichtfällt. Diese Flexibilität kann er übrigens sehr gut vom Luft-Typ lernen.

Unerlöste Erd-Typen sind Menschen, die eine sehr starke Kontrolle über sich und ihre Mitmenschen ausüben, sei es nun im beruflichen, im sozialen oder im Gefühlsbereich. Ihr Leben verläuft dann in sehr engen Bahnen mit wenig Freiraum für eine Weiterentwicklung und Neuorientierung.

Das Erd-Temperament und seine Eigenschaften

Positiv

* beständig, ausdauernd, realistisch
* verantwortungsbewußt, vernünftig, verläßlich, gewissenhaft
* sparsam, gestaltend, standfest
* benötigt geordnete Verhältnisse
* praktisch veranlagt
* liebt Traditionen und alte Bräuche
* hat keinen Sinn für das Flüchtige

Negativ

* ungesellig, grüblerisch, eigenbrötlerisch
* geizig, engstirnig, stur, gefühlskalt
* unflexibel, Kontrolle ausübend, depressiv

Körperliche Merkmale

* kleine bis mittelgroße, stämmige Statur
* gute, aber langsame Verdauung
* nimmt langsam zu und ab
* ausgeprägter Haarwuchs
* mäßiger Durst
* geringe Schweißabsonderung
* tiefer und fester Schlaf

Gesellschaftliche Rolle

* Finanzbeamter
* Architekt
* Gärtner
* Landwirt
* Handwerker

Die vier Temperamente allgemein

Nutzen Sie Ihr Potential

Wie wir gesehen haben, hat jedes Temperament seine Stärken und Schwächen. Die Kunst jedes einzelnen ist es, gemäß seinem Potential den ihm angemessenen Platz im Leben zu finden. Hat z. B. der kontaktfreudige Luft-Typ die trockene Aufgabe, im Archiv Akten zu ordnen, so wird er zeit seines Lebens nicht glücklich damit. Dadurch, daß er an einer Stelle beschäftigt ist, die ihn nicht befriedigt, können sich auf längere Sicht hin körperliche oder seelische Symptome melden, die ihn drängen, endlich den Platz einzunehmen, der für sein Temperament geschaffen ist. Übersieht er diese Zeichen, so kann der nicht passende Arbeitsplatz irgendwann einmal zu einer gesundheitlichen Störung beitragen.

Gründung eines Gesundheitszentrums

Häufig ergänzen sich die verschiedenen Konstitutionen im Beruflichen (wie natürlich auch im Privaten) sehr gut.

Stellen wir uns einmal vor, daß sich die vier Temperamente zusammengefunden haben, ein Gesundheitszentrum zu gründen:

Der *Luft-Typ* wird als Verstandesmensch für die geistige *Beweglichkeit* des Projekts sorgen und z. B. im Marketingbereich eingesetzt werden, wo es darum geht, das Zentrum in der Öffentlichkeit zu präsentieren. Er könnte Vorträge halten, die Werbung gestalten und für jegliche Art von Vernetzung zuständig sein, so z. B. den Kontakt zu anderen Zentren, zu den verschiedenen Kursleitern und zu den Teilnehmern herstellen.

Der *Feuer-Typ* ist derjenige, der das Zepter sofort in die Hand nimmt. Er wird zu Banken und Ämtern gehen, um das notwendige Geld zu organisieren. Er wird, wenn notwendig, das Haus mit eigenen Händen selbst bauen. Sein *willens*betonter Tatendrang wird für dieses Projekt gerade in der Anfangsphase von großer Bedeutung sein, wo es darum geht, nicht zu resignieren oder aufzugeben.

Der *Erd-Typ* bildet das Fundament, auf dem das Zentrum gebaut wird. Er trägt gern die Verantwortung und *strukturiert* das Projekt bis ins kleinste Detail durch. Er wird sich auch um die Finanzen kümmern und mit eiserner Hand sparsam wirtschaften, so daß das Zentrum gut abgesichert ist. Der Erd-Typ ist auch derjenige, der die nötige Ruhe und Sicherheit vermittelt, wenn das Zentrum eine Durststrecke durchzumachen hat. Sollte einmal Unvorhergesehenes eintreten, wird er den ruhenden Pol bilden und die nötige Zuversicht vermitteln.

Der *Wasser-Typ* ist für das seelische und leibliche Wohl der Mitarbeiter und Kursteilnehmer zuständig. Er wird das Zentrum so einrichten, daß sich jeder wie zu Hause fühlt. Für alle, die etwas auf dem Herzen haben, wird er mit offenem Ohr da sein und als guter Zuhörer und Ratgeber zur Verfügung stehen. Kurzum, durch seine *gefühlvolle* Art ist er der gute Geist des Hauses.

Anhand dieses Beispiels ist gut nachzuvollziehen, warum es für jeden einzelnen wichtig ist, einen Platz in seinem Leben einzunehmen, der seinem Potential entspricht. Ein Mensch, der sehr gefühlsbetont, langsam und vorsichtig handelt, wird es im Bereich Öffentlichkeitsarbeit, wo es darum geht, schnell zu handeln und flexibel zu sein, wahrscheinlich schwerer haben als ein beweglicher, redegewandter Zeitgenosse. Darum ist es für das seelische Wohl sehr wichtig, sein Inneres zu befragen, welche Tätigkeiten dem eigenen Potential entgegenkommen und dementsprechend auch zu handeln. Für jeden Menschen gibt es einen Platz auf dem er seine Fähigkeiten und Potentiale ausschöpfen und ausleben kann.

Natürlich wird es einem Feuer-Typ fremd vorkommen, wenn sein Arbeitskollege die anfallende Arbeit nur langsam verrichtet, viel zu oft eine Pause einlegt und beim geringsten Tadel schon zusammenzuckt: Es wird sich hier um einen Wasser-Typ handeln, dessen Stärke nun mal nicht die Flinkheit und Abgebrühtheit ist; seine Fähigkeiten liegen dafür auf anderen Gebieten. Er wird zwar alles sehr langsam, dafür aber auch äußerst gründlich verrichten. Um sein Ziel zu erreichen und sich durchzusetzen, haut er nicht mit der Faust auf den Tisch und packt auch nicht flink und schnell zu, arbeitet aber zäh und ausdauernd an der gestellten Aufgabe und verliert dabei das angestrebte Ziel nie aus den Augen.

Wenn der Feuer-Typ eine Mauer einreißen will, so wird er gegen sie rennen; immer wieder, bis sie einbricht. Ist die Wand aber aus massivem Beton gebaut, so gibt er irgendwann vollkommen erschöpft auf. Der Wasser-Typ dagegen fängt damit an, nach und nach immer mehr Mörtel abzukratzen, bis er, geduldig und unnachgiebig, die Mauer abgetragen hat. Er teilt seine Kräfte ein. Es kann zwar sehr lange dauern, bis sein Ziel erreicht ist, aber irgendwann einmal wird die Mauer abgetragen und die Aufgabe zufriedenstellend gelöst sein.

Die Schubladengefahr

Die Beschreibung der jeweiligen Temperamente sollte nicht dazu verleiten, sich selbst und seine Mitmenschen in eine Schublade zu stecken, nach dem Motto: »So bin ich, und so bleibe ich.« Der Mensch ist nicht statisch. Er ist Tag für Tag Veränderungen unterworfen.

Die oft etwas überspitzten Erläuterungen zu den einzelnen Temperamenten sind als Tendenzangaben dessen anzusehen, was die Persönlichkeit eines jeden ausmachen *kann*. Versteifen Sie sich nicht zu sehr darauf, denn das Wesen des Menschen ist von unendlich vielen Nuancen bestimmt. Die Temperament-Beschreibungen haben vielmehr den Anspruch, eine Möglichkeit aufzeigen, sich selbst und seine Mitmenschen besser verstehen und annehmen zu lernen.

Wenn Sie nie pünktlich sein können, es auch mit der Zuverlässigkeit hapert und für Sie Abwechslung so wichtig, wie die Butter auf dem Brot ist, so wird bei Ihnen sicherlich das Luft-Element eine dominante Rolle spielen. Das ist Ihr Wesen! Lernen Sie, sich mit Ihren Eigenarten und Ihrem Temperament anzunehmen. Annehmen heißt nicht verharren und auf einer Entwicklungsstufe stehenbleiben. Annehmen bedeutet die Chance, mit sich selbst ins reine zu kommen. Aus dieser Kraft heraus können Sie anfangen, sich nach und nach von Ihren unerlösten Eigenschaften zu verabschieden.

Der Fragebogen

Der folgende Fragebogen ist für diejenigen gedacht, die sich noch unsicher sind, welches Element bzw. welche Elemente bei ihnen dominiert bzw. dominieren. Achten Sie bitte darauf, daß Sie die Antwort ankreuzen, die für ihre jetzige Lebensphase zutrifft. Seien Sie ehrlich zu sich und kreuzen Sie nur die Eigenschaften an, die wirklich auf Sie zutreffen und nicht jene, von denen Sie das gerne möchten. Falls Unsicherheiten bestehen, ziehen Sie am besten jemanden zu Rate, der Sie gut kennt und der dabei eine Hilfe sein kann, die Fragen objektiv zu beantworten. Nehmen Sie sich Zeit beim Beantworten. Je intensiver Sie sich mit den Beschreibungen beschäftigen, um so besser lernen Sie sich selbst kennen.

Machen Sie pro Reihe nur ein Kreuz. Zählen sie am Schluß die Anzahl der Kreuze, die Sie pro Temperament gemacht haben, jeweils zusammen, und Sie werden sehen, welches Element bei Ihnen dominiert. Liegen die zwei oder drei höchsten Punktzahlen nahe beisammen, so werden Sie entsprechend stark von diesen Elementen beeinflußt. Sie werden z. B. bei einer dominierenden Feuer-Punktzahl also ein Feuer-Typ oder bei hohen Erd- und Wasser-Zahlen ein Erd-Wasser-Typ (ein Mischtyp) sein.

Das Ergebnis des Fragebogens spiegelt die *momentane* Element-Konstellation wieder. Diese wird von verschiedenen Faktoren wie der Lebensepoche, der Jahreszeit oder der Art der Ernährung beeinflußt, die Elementverteilung ist also nicht als statisch anzusehen. Daher ist es ratsam, den Fragebogen in unterschiedlichen Zeitabständen von neuem auszufüllen, um etwaige Konstellationsveränderungen zu erkennen. Ziel sollte es natürlich sein, unabhängig von Fragebögen und anderen Hilfsmitteln, sein Temperament, aus dem Innern heraus schöpfend, wahrzunehmen.

Fragebogen zur Typisierung der vier Temperamente

	Feuer	Wasser	Luft	Erde
Statur	☐ kräftig, durchtrainiert	☐ schwammig, rundlich	☐ schlank, zart	☐ kräftig, stämmig
Gang	☐ kraftvoll, hart auftretend	☐ zögernd, weich	☐ elastisch, tänzerisch	☐ langsam, bedächtig
Teint	☐ rötlich, hell, gelblich	☐ blaß, weiß	☐ leicht bräunend, matt	☐ hell bis dunkel
Gewicht	☐ Zu- und Abnahme leicht	☐ Zunahme leicht, Abnahme schwer	☐ Zunahme schwer, Abnahme leicht	☐ Zu- und Abnahme schwer
Haut	☐ warm, weich	☐ dick, ölig	☐ trocken, rauh	☐ dick, fest
Haare	☐ blond, rötlich, leicht fettend	☐ ölig, gewellt, voll	☐ dünn, gespalten, trocken, kraus	☐ kräftig, steif, voll
Augen	☐ leuchtend, strahlend, gerötet	☐ wäßrig, verträumt, weich, groß	☐ klein, aktiv, trocken, unruhig	☐ starke Wimpern, ruhig, mittelgroß
Stimme	☐ lautstark, voll, durchdringend	☐ leise, gefühlvoll, melodisch	☐ hell, klar, hoch	☐ fest, tief, sachlich
Stuhlgang	☐ weich, ölig, locker	☐ voluminös, ölig, regelmäßig	☐ trocken, hart, unregelmäßig	☐ fest, voluminös, trocken
Appetit	☐ ausgeprägt, übermäßig	☐ gleichbleibend, genießerisch	☐ veränderlich, meist gering	☐ ißt regelmäßig und diszipliniert
Empfindlichkeit	☐ Hitze, Schwüle, extreme Helligkeit	☐ Kälte, Feuchtigkeit	☐ Trockenheit, Lärm, Schmutz	☐ wenig empfindlich, belastbar

	Feuer	Wasser	Luft	Erde
Körperliche Symptome	☐ Fieber, Entzündungen	☐ Verschleimung, Übergewicht	☐ Nervosität, Energiemangel	☐ chronische Verstopfung, Verschlackung
Reaktion	☐ heftig, nachhaltig	☐ langsam, kurzfristig	☐ heftig, kurzfristig	☐ langsam, nachhaltig
Charakter-Eigenschaften	☐ hitzig, mutig, stolz, dominant, idealistisch	☐ gefühlvoll, sensibel, intuitiv, sanft, mitfühlend	☐ gesellig, rational, flexibel, ideenreich, neugierig	☐ standfest, zuverlässig, vernünftig, realistisch, verantwortungsbewußt
Motivation	☐ Lob	☐ Mitgefühl	☐ Neugier	☐ praktische Argumente
Abneigung gegen	☐ Kritik	☐ Spott	☐ Routine	☐ Lügen
Stärken	☐ mutig, mitreißend	☐ einfühlsam, treu	☐ vermittelnd, spontan	☐ verläßlich, standfest
Schwächen	☐ zornig, eifersüchtig	☐ verletzlich, lethargisch	☐ unzuverlässig, zerstreut	☐ starrsinnig, geizig
Beziehungen	☐ feurig, kämpferisch	☐ gefühlvoll, romantisch	☐ kopfgesteuert, abwechslungsreich	☐ beständig, beharrlich
Argumentation	☐ hitzig, engagiert	☐ weich, nachgiebig	☐ rational, redegewandt	☐ hart, unnachgiebig
Eßgewohnheit	☐ scharfes Essen, knackiges Gemüse	☐ süße Speisen, wie Cremes und Pudding	☐ leichte Snacks, Fast Food	☐ deftige Kost, Schweinebraten
	V **FEUER**	V **WASSER**	V **LUFT**	V **ERDE**

Besondere Ausprägungen der vier Elemente

Wie schon anfangs erwähnt, wird das Temperament des Menschen von vielen verschiedenen Faktoren bestimmt. So kann z. B. bei einem Wasser-Typ in der Sommerhitze oder in der »Revoluzzerphase« der Pubertät das Feuer-Element so dominant sein, daß es in dieser Zeit die charakterlichen Merkmale des Wasser-Elements verdrängt.

Konkret heißt das, daß er z. B. zu Akne neigt (ein Feuer-Symptom), daß aus dem ruhigen, gemütlichen Kind ein aufsässiger Raufbold wird oder daß sein Freiheitsdrang sich auf seine schulischen Leistungen auswirkt und er Stunden schwänzt oder keine Lust mehr auf Hausaufgaben hat. Früher oder später wird er dann (spätestens, wenn die Feuerphase seines Lebens beendet ist) wieder zu seinem eigentlichen Potential zurückfinden und seinem Temperament entsprechend gelassener an die ihm gestellten Aufgaben herangehen. Bei jemandem, den schon von Natur aus das feurige Element dominiert, ist die Wahrscheinlichkeit groß, daß er in der Pubertät »ein Brikett drauflegt« und noch dynamischer auf seine Umwelt einwirkt. Für die Eltern ist es in dieser Zeit sehr wichtig, unbeirrbar auf dem schmalen Grat der gerechten Erziehung zu wandeln. Das heißt einerseits die heftigen Gemütsregungen, welche bei einer Dominierung durch das Feuer-Element verstärkt auftreten, nicht zu unterdrücken, sich aber auch von ihrem Kind nicht auf der Nase herumtanzen zu lassen, sondern ihm seine Grenzen aufzuzeigen, so daß es nicht zum Tyrannen seiner Umwelt wird.

Natürlich ist es nun falsch und sehr pauschal zu behaupten, daß alle Jugendlichen stets dominant und feurig sind, und ebenso, daß alle älteren Menschen eher ruhig und beständig sind. Doch hier, wie bei allen anderen Erläuterungen zu den vier Elementen auch, ist zumindest eine Tendenz zu erkennen.

Noch einmal zum Ausgangspunkt zurückkommend sehen wir, daß die Temperament-Konstellation eines jeden Menschen im Laufe des Lebens individuell verschiedenen Schwankungen unterworfen ist.

Folgende Übersicht zeigt, von welchen äußeren Einflüssen die Element-Konstellation eines Menschen bestimmt und verstärkt werden kann.

	Feuer	Wasser	Luft	Erde
Lebensepoche	Jugend	Greisenalter	Kindheit	mittl. Lebensalter
Jahreszeit	Sommer	Winter	Frühling	Herbst
Tageszeit	Mittag (12–18 Uhr)	Nacht (0–6 Uhr)	Morgen (6–12 Uhr)	Abend (18–24 Uhr)
Wetter	trocken, heiß, schwül	feucht/kalt, Nebel, Regen, Schneefall	trocken, luftig, frisch, mild	kalt, trocken
Musik	impulsiv, rhythmisch, Percussion	gefühlvoll, fließend, meditativ	leicht, beschwingt, Swing	schwer, tief, indianischer Gesang
Essen	feurige, scharfe, salzige, fritierte Speisen	süße, breiige, ölige, schleimige, wasserhaltige, kalte Speisen	leichte, flüssigkeitsarme, bittere, herbe Speisen, Rohkost	fettige, deftige, schwere Speisen
Farben	kräftig leuchtende Farbtöne: Orange, Gelb, Rot	kühlende, beruhigende Farbtöne: Blau, Lila, tiefes Grün	stimulierende Farbtöne: grelles Grün, Zitronengelb, Weiß	schwere Farbtöne: Braun, Schwarz, Grau
Landschaft	Steppe, Wüste	Flußläufe und -mündungen, Meer	kühle, trockene Höhenlagen, weite, windige Regionen	Schluchten, Berge, Höhlen
Sonstige Einflüsse	Eifersucht, Gereiztheit, Leidenschaft, Zorn, Ärger, Anstrengungen	Mittagsschlaf, sitzende Tätigkeiten, mangelnde körperliche Bewegung	Streß, ungenügend Schlaf, Strahleneinwirkung (Fernseher, Computer)	Besitzgier, Geiz, Sperren vor allem Neuen, übertriebene materialistische Einstellung

Unter Einbeziehung von Trott-Tschepe, »Mensch und Duft im Elementen-Kreis«, 1993

Gesundheitliche Störungen im Zeichen der Elemente

Die obige Übersicht zeigt, daß die Konstitution des Menschen von bestimmten Einflüssen und Umständen abhängig sein kann. Nehmen wir an, ein vom Element Feuer geprägter Mensch entschließt sich im Hochsommer, sich in der prallen Mittagssonne ein stark gewürztes Pfeffersteak und zum »Nachtisch« einen halben Liter Bier zu genehmigen. Die Kombination: heißes Wetter – scharfe Mahlzeit – Alkohol – wird dem Feuer-Typ bestenfalls Kopfschmerzen und Hitzewallungen, schlimmstenfalls einen Kreislaufkollaps bescheren. Da das Feuer-Temperament besonders empfindlich auf Alkohol, schwüle Hitze und stark gewürzte Speisen reagiert und dadurch seine hitzige Konstitution, sprich das Feuer-Element in ihm noch angeheizt wird, liegt es nahe, daß es zu den genannten »Feuer-Symptomen« kommt. Dem kühlen Wasser-Typ würde dagegen die »feurige« Mahlzeit in der Hitze der Mittagszeit verhältnismäßig wenig ausmachen. Wenn sich der Feuer-Typ nun vermehrt Situationen aussetzt, die sich störend auf seine Konstitution auswirken, so kann es, auf längere Sicht gesehen zu gesundheitlichen Störungen kommen. Dies gilt natürlich genauso für die drei anderen Temperamente.

Krankheitssymptome als Warnsignal

Wie gut ist es für uns, daß wir Körper, Seele und Geist haben, die durch Warnsignale in Form von Symptomen darauf hinweisen, daß unsere Lebensführung aus dem Gleichgewicht geraten ist. Auf die Elemente bezogen heißt das, daß immer dann, wenn eines der vier Elemente über einen längeren Zeitraum hinweg beim Menschen gestört ist, uns bestimmte Symptome mahnen, dieses Ungleichgewicht wieder einzurenken.

Regt sich jemand z. B. Tag für Tag über seinen Chef aus, läßt sich immer wieder von seinen Nachbarn ärgern und ißt täglich sehr stark gewürzte und gesalzene Speisen, so besteht die Wahrscheinlichkeit, daß irgendwann einmal sein Feuer-Element aus dem Gleichgewicht gerät, was sich etwa in Form von Magenreizungen bis hin zum Magengeschwür äußern kann.

Eine Störung des Feuer-Elements kann bei einem Feuer-Typ, genau wie auch bei den drei anderen Temperament-Typen, vorliegen (wie bereits erwähnt wohnen jedem Menschen alle vier Temperamente in unterschiedlicher Verteilung inne).

Das heißt, bei einem Feuer-Typ kann es zu Feuer-Symptomen kommen, die auf dem Ungleichgewicht des Feuer-Elements beruhen; sie können ebenso aber den Erd-, Wasser- oder Luft-Typ heimsuchen. Allerdings ist es von der Veranlagung her beim Feuer-Typ am wahrscheinlichsten, daß bei ihm Feuer-Symptome auftreten.

Geht nun der geplagte Mensch mit seinem übersäuerten Magen zum Arzt, so wird er mit Medikamenten therapiert, und wenn alles nichts hilft, kommt es zur Operation. Jedoch – was nützt die beste Operation, wenn die Auslöser der Erkrankung nicht behoben werden und sich der Gute immer noch über seinen Chef ärgert und täglich stark gewürzte Speisen zu sich nimmt? Der Körper wird sich wieder ein Ventil suchen, um anzuzeigen, daß sich in der Lebensführung etwas ändern muß. Vielleicht ist der Magen dann wieder überreizt, oder es kommt zu anderen Störungen. Das Wegschneiden des Geschwürs ist vergleichbar mit dem Entfernen der Ölanzeige im Auto, die aufleuchtet und darauf hinweist, daß der Ölbestand sich dem Ende zuneigt. Wenn wir die Ölanzeige ausbauen, leuchtet natürlich auch die rote Lampe nicht mehr auf – die Ursache, nämlich ein Öldefizit, ist damit nicht behoben. Irgendwann, wenn das gesamte Öl verbraucht ist, wird der Motor den Geist aufgeben und gegen einen neuen ausgetauscht werden müssen. Auf unseren Fall bezogen heißt das: Solange der Betroffene nicht lernt, sich zu entspannen (z. B. mit Autogenem Training) und sich von seinen Mitmenschen nicht mehr provozieren zu lassen, solange er nicht statt *feuriger* Nahrung beruhigende und abkühlende Speisen (süßes Obst, Frischkost) zu sich nimmt und damit sein überhöhtes Feuer-Element drosselt, werden inmmer wieder *feurige* Symptome bei ihm auftreten und ihn darauf hinweisen, daß sein Feuer-Element gestört ist.

Im folgenden Teil sind all die Symptome aufgelistet, die bei der Störung eines bestimmten Elements auftreten können. Hierbei sei noch einmal erwähnt, daß z. B. eine »Wasser-Störung» bei jedem der vier Temperamente auftreten kann, wobei dies aber beim Wasser-Naturell am wahrscheinlichsten ist.

Störung des Feuer-Elements

* Sodbrennen
* Magenreizungen
* Magen- und Darmgeschwüre
* Hautausschlag
* Hautgeschwüre
* Pigmentstörungen
* Akne
* fleckige, gerötete Haut
* Hämorrhoiden
* fiebrige Erkrankungen
* Gelbsucht
* Durchfall
* Schleimhautentzündungen
* Übersäuerung des Körpers
* Herzerkrankungen
* Erkrankungen des Blutes
* Leber- und Gallestörungen
* Hitzewallungen
* eitrige Mandeln
* übermäßiger Hunger und Durst
* übermäßiges Schwitzen
* übermäßiger Körpergeruch
* extreme Hitzeunverträglichkeit

* Herrschsucht
* Jähzorn
* Gewalttätigkeit
* Gereiztheit
* Rücksichtslosigkeit

Genauso heiß, brennend und manchmal auch säuerlich, wie das Temperament des Feuer-Typs ist, sind auch die Symptome, die darauf hinweisen, daß das Feuer-Element im Ungleichgewicht ist (Sodbrennen, Magenreizungen, Übersäuerung). Auch Eiterbildung und Geschwüre, die von der Charakteristik her als brennend und gereizt beschrieben werden können, sind dem feurigen Element zuzuordnen. Natürlich gehören die fieberhaften Erkrankungen auch in diese Gruppe, da bei Fieber die Körpertemperatur ansteigt und das »Feuer« entsprechend intensiv im Körper »lodert«.

Wie schon erwähnt, wird die Zeit der Pubertät dem Element Feuer zugeordnet. Dementsprechend ist auch die besonders häufig in diesem Lebensabschnitt auftretende Akne dem Feuer-Element zuzuordnen. Wenn entzündliche Prozesse im Hautbereich auftreten (z. B. Neurodermitis), so spielt hier das Element Feuer eine entscheidende Rolle. Doch auch das Element Luft ist bei der Verursachung von Neurodermitis beteiligt, was damit zusammenhängt, daß der Bereich der Haut (ein Sinnesorgan) dem Element Luft zugeordnet ist.

Diese Zuordnung wird verständlich, wenn man sich vor Augen führt, daß das Element Luft im menschlichen Körper u. a. für die Nerven- und Sinnestätigkeiten zuständig ist. Wie wir uns erinnern, ist beim Luft-Typ auch der Kontakt nach *außen* und damit die (Sinnes-)Wahrnehmung seiner Umwelt sehr ausgeprägt. Dementsprechend haben wir im Falle einer Neurodermitis eine Luft/Feuer-Störung vorliegen.

Wo liegen die Krankheitsursachen?

Wie wir sehen, ist das Thema der Zuordnung von krankhaften Symptomen zu den vier Elementen sehr komplex. Man muß die Ursache für eine gesundheitliche Störung analysieren, ehe man bestimmen kann, welches Element ins Ungleichgewicht geraten ist.

Nehmen wir z. B. einen stark übergewichtigen Menschen. Übergewicht wird in erster Linie dem Element Wasser zugeordnet. Doch wenn dieser Mensch sich deshalb, weil er übersäuert und gereizt ist, mit Süßigkeiten tagtäglich beruhigt (süße Nahrung übt eine beruhigende Wirkung aus) und dadurch schnell zunimmt, so ist die Ursache für sein Übergewicht auf die Störung des Feuer-Elements zurückzuführen.

Ist der Übergewichtige dagegen sehr labil und willensschwach in seiner Lebensführung und besteht seine einzige »sportliche« Betätigung am Tag darin, vom Fernseher zum Kühlschrank zu gehen, so liegt in diesem Fall die Ursache von Übergewicht in einem Ungleichgewicht des Wasser-Elements. Also zeigen die aufgelisteten gesundheitlichen Störungen lediglich eine *Tendenz* dazu an, daß das jeweilige Element gestört ist.

Um es zusammenzufassen: Gesundheitliche Störungen, die Merkmale wie Brennen, Hitze, Entzündung, Übersäuerung, Eiter oder Reizung aufweisen, sind meist auf eine Feuer-Störung zurückzuführen.

Störung des Wasser-Elements

* Wasseransammlungen im Körper (Ödeme)
* Krampfadern
* Übergewicht/Fettleibigkeit
* Tränensäcke
* Verschleimung (Nasennebenhöhlen, »fließender« Schnupfen)
* niedriger Blutdruck
* Lymphstörungen
* schwache Verdauung

* schwacher Kreislauf
* Durchblutungsstörungen
* extremes Kältegefühl an Händen und Füßen
* Erkältungen (unter Einfluß von Kälte und Feuchtigkeit)
* schleimiger Husten
* übermäßiges Schlafbedürfnis
* sich nicht abgrenzen können
* stark verstrickt sein in den eigenen Gefühlen
* extreme Trägheit und Bequemlichkeit
* körperlich und seelisch leicht verletzlich sein
* Mangel an Antriebskraft und Selbstbewußtsein
* Stumpfsinn
* Lethargie

Wenn wir uns vor Augen führen, daß das Wort Phlegma eigentlich »Schleim« bedeutet, so zeigt dies schon, in welchem Bereich die Wasser-Störungen liegen. Bei allen Krankheitsprozessen, die mit Verschleimung und Erkältung zu tun haben, ist das Element Wasser in hohem Maße daran beteiligt. Der Körper übergewichtiger Menschen ist oft aufgeschwemmt und wirkt unförmig – auch dies ist ein Anzeichen dafür, daß das Wasser-Element zu sehr im Körper dominiert und dieser dadurch »aus den Fugen gerät«.

Ähnlich sind auch sämtliche Wasseransammlungen (Ödeme) im Körper des Menschen zu betrachten. Da die Eigenschaft »träge« das Wasser-Temperament charakterisiert, weist also ein träger, schwacher Kreislauf (und der daraus resultierende Hang zum Frösteln) auf eine Störung des Wasser-Elements hin.

Menschen, bei denen das Wasser-Element dominiert, neigen zu einer schwachen Verdauung. Das hängt mit der Angewohnheit zusammen, die Nahrung nur ungenügend zu kauen (daher auch die Bevorzugung von Cremes und Puddings). Der Wasser-Typ schluckt, »kaufaul« wie er ist, oft seine Nahrung einfach nur hinunter. Dementsprechend viel Arbeit muß im Verdauungstrakt geleistet werden, um die Nahrung in ihre Grundstoffe zu zerlegen und so dem Stoffwechsel zuzuführen. Je weniger gekaut wird, um so mehr sind Magen und Darm gefordert. Oft sind diese dann mit der Verdauung der schlecht zerkauten Nahrungsreste überlastet, so daß sich der nicht abgebaute »Ballast« in Form von *Schlacken* im Darm ablagert, was zur Folge hat, daß es zu Gärungsprozessen, einem chronischen Völlegefühl, bis hin zu einer vermehrten Gewichtszunahme kommen kann.

Zusammenfassend: Gesundheitliche Störungen, die mit Verschleimung, Erkältung, Trägheit, Feuchtigkeit oder Stagnation zu tun haben, können darauf hinweisen, daß das Wasser-Element im Menschen gestört ist.

Störung des Luft-Elements

* Erkrankungen der Lungen und Atemwege
* Asthma
* Erkrankungen des Nervensystems
* Appetitmangel, Abmagerung
* Muskelkrämpfe
* menstruelle Krämpfe
* Austrocknung
* trockener Stuhlgang, Verstopfung
* Erkrankungen der Haut
* aufgesprungene, trockene Haut
* Gelenkbeschwerden (Arthritis)
* stark knackende Gelenke
* Osteoporose
* Kreuzschmerzen
* Allergien (z. B. Heuschnupfen)
* ständiger Energiemangel
* trockener Husten und Schnupfen
* Blähungen
* Migräne, Kopfschmerzen
* Ohrensausen

* brüchige Fingernägel
* chronischer Schluckauf
* vorzeitiges Altern
* hohe Schmerzsensibilität
* Schlaflosigkeit
* extreme Gefühlsschwankungen
* Ruhelosigkeit, Abgespanntheit
* Unkonzentriertheit, Vergeßlichkeit
* Neurosen, Psychosen, Schizophrenie
* nervöse Störungen allgemein
* Zähneknirschen
* Zittern, Handzittern

Charakteristisch für das Element Luft ist Bewegung, d. h., daß an Vorgängen im Körper, bei denen ein Bewegungsprozeß abläuft, auch das Element Luft beteiligt ist, so z. B. beim Pulsschlag oder bei der Atmung, wo es zu rhythmischen Bewegungen kommt. Bei Erkrankungen der Atemwege (Bronchitis, Asthma) liegt daher eine Störung des Luft-Elements vor.

Da chronische Bronchitis sehr oft mit einer Erkältung einhergeht ist bei dieser Erkrankung aber auch das Wasser-Element beteiligt (auf den Zusammenhang zwischen Erkältung und einer Störung des Wasser-Elements wurde schon hingewiesen). Hier liegt darum eine Luft/Wasser-Störung vor.

Wenn wir uns erinnern: Ein typisches Merkmal für den Luft-Typ ist die Eigenschaft *trocken*. Dies kann man auch auf die körperlichen Symptome einer Luftstörung übertragen. Immer dann, wenn eine Gesundheitsstörung *trockenen Charakter* hat (trockener Husten/Schnupfen, Austrocknung des Körpers, aufgesprungene Lippen), ist auch das Element Luft im Ungleichgewicht. Luftstörungen sind auch dann angezeigt, wenn der Mensch nicht zur Ruhe kommt, abgespannt ist und vor Nervosität nicht einschlafen kann. Da das Element Luft mit dem Nervensystem in enger Verbindung steht, sind Störungen des vegetativen und Zentralnervensystems sowie jegliche Art von Nervenleiden dem Element Luft zugeordnet.

Zusammenfassend: Bei gesundheitlichen Störungen, die mit Trockenheit, Ruhelosigkeit, Nervosität oder Krämpfen einhergehen, liegt ein Ungleichgewicht des Luft-Elements vor.

Störung des Erd-Elements

* Verspannungen im Nacken- und Schulterbereich
* Arthrose
* Arteriosklerose
* Multiple Sklerose
* Verhärtungen und Verdickungen (Hühneraugen, Schwielen)
* Steinbildung im Körper (Harn-, Nieren-, Blasen-, Gallensteine)
* Knorpelbildung
* Gicht
* Verkalkung
* Verstopfung
* Verschlackung
* Ablagerungen im Gewebe
* Schwerhörigkeit, Taubheit
* Gliederschwere
* Engstirnigkeit
* Sturheit
* extreme Zurückgezogenheit
* Inflexibilität
* Besitzgier, Geiz
* Neid
* Hartherzigkeit, Gefühlsarmut
* Depressionen

Wie wir bei der Beschreibung des Erd-Typs gesehen haben, wird er durch Eigenschaften wie »schwer«, »hart« und »fest« charakterisiert. Von ähnlicher Beschaffenheit sind gesundheitliche Störungen, bei denen das Erd-Element im Ungleichgewicht ist, als da wären: jegliche körperliche Verhärtung, wie z. B. Hühneraugen und Schwielen, aber auch Steinbildungen im Körper (Harn-, Nieren-, Gallen-, Blasensteine).

Wie wir uns erinnern, neigt das Erd-Temperament dazu, nur schwer von seiner Einstellung zum Leben *loslassen* zu können Auf körperlicher Ebene sehen wir das ganz konkret, wenn der Stuhlgang so fest und *verhärtet* ist, daß Obstipation (Verstopfung) die Folge ist. Oft haben gerade Menschen mit Verstopfung zu tun, die nur schwer loslassen können, die an alten Traditionen und Normen *festhalten* und sich nur schwer neuen Erkenntnissen öffnen können. Auf körperlicher Ebene setzt sich dann das seelisch-geistige Festhalten fort.

Menschen, bei denen das Erd-Element sehr dominant ist, sind dazu prädestiniert, Schlacken im Körper *anzusammeln.* Hier können wir sehr gut die Parallele zwischen charakterlichen Eigenschaften und körperlichen Symptomen sehen. Wer dazu neigt, Besitztümer und Geld zu horten und sich aus Hartherzigkeit vor dem Leid seiner Mitmenschen verschließt, der wird auch auf körperlicher Ebene zum Ansammeln von Schlacken, zu Schwere, Härte und Verschließung (Obstipation) tendieren.

Charakterististisch für den Erd-Typ ist, daß er sich starrköpfig auf eine Meinung *versteift.* Hier können wir sehr gut eine Parallele zur körperlichen Ebene sehen. So ist bei jeder Art von Versteifung oder Einengung – wie es z. B. bei Arthrose der Fall ist, wo der Betroffene nach und nach immer mehr an Bewegungsfreiheit verliert – eine Störung des Erd-Elements beteiligt. Auch der sogenannte »Stiernacken« zeugt von einer übertrieben starren Einstellung.

Eine weitere Eigenschaft des Erd-Typs ist die Neigung, sich von der Außenwelt zurückzuziehen. Auf körperlicher Ebene heißt das, daß Menschen, bei denen das Erd-Element gestört ist, zu Schwerhörigkeit und Taubheit neigen: Das ist ihre Art, sich von ihren Mitmenschen abzukapseln.

Zusammenfassend sei gesagt, daß bei allen Störungen, bei denen es zu Verhärtung, Versteifung und Verschlackung kommt und Schwere und Einengung den Menschen heimsuchen, das Element Erde im Ungleichgewicht ist.

Ernährungsempfehlungen

Wie wir im vorigen Kapitel gesehen haben, kann die Störung eines oder mehrerer Elemente mit dazu beitragen, daß beim Menschen körperliche, geistige oder seelische Beeinträchtigungen auftreten. In diesem Kapitel wird nun untersucht, inwieweit sich eine konstitutionsbezogene Ernährung regulierend und fördernd auf die Gesundheit des Menschen auswirken kann. Die folgenden, elementbezogenen Empfehlungen dienen zum einen dazu, ein aus dem Gleichgewicht geratenes Element wieder zu korrigieren; sie sind aber auch speziell für das jeweilige Temperament bestimmt. So sind z. B. die Wasser-Ernährungsempfehlungen für die Menschen gedacht, bei denen das Wasser-Element gestört ist (das kann, wie gesagt, bei allen vier Temperamenten der Fall sein) – sie gelten aber auch genauso für das Wasser-Temperament selbst.

Für Therapeuten, Ärzte, Heilpraktiker und Ernährungsberater ist in erster Linie entscheidend, welches der vier Elemente gestört ist, das heißt, sie untersuchen die Art der (seelischen, geistigen und körperlichen) Symptome und leiten daraus ihre Empfehlungen ab. Erst wenn eines der vier Elemente nicht mehr gestört ist, wird auf die vorherrschende Temperament-Konstellation des einzelnen eingegangen.

Ganz konkret heißt das:

Wenn ein vom Element Wasser geprägter Mensch (gefühlvoll, ruhig, gemütlich, etwas pummelig, mit blassem Teint) in die Praxis kommt und an Sodbrennen, Hitzewallungen und ständigem Juckreiz leidet (alles Feuersymptome), so wird in erster Linie daran gearbeitet, das gestörte Feuer-Element ins Gleichgewicht zu bringen; unter anderem auch mit Ernährungsempfehlungen, die das *innere Feuer* eindämmen. Erst wenn die genannten Störungen behoben sind und keine neuen mehr auftreten, wird auf das eigentliche (Wasser-)Temperament des Klienten (mit wasserbezogenen Empfehlungen) eingegangen.

Für den Leser ist es empfehlenswert, sich nach der Bearbeitung des Fragebogens an die daraus hervorgehende Temperament-Konstellation zu halten. Dominiert bei Ihnen z. B. das Erd-Element, so empfiehlt es sich für Sie in erster Linie, die erdbezogenen Ratschläge zu beherzigen.

Die Innere Stimme

Halten Sie sich bitte nicht allzu dogmatisch an die vorgegebenen Empfehlungen – betrachten Sie die »Ernährung nach Konstitution« als ein Experiment. Beobachten Sie, was dabei in Ihrem Inneren abläuft. Das Ziel einer konstitutionellen Ernährungsweise kann nur sein, wieder ein Gespür für sich selbst zu bekommen und aus dieser Erfahrung heraus zu erkennen, welche Nahrung stärkend und welche schwächend auf einen wirkt. Haben Sie erst einmal Kontakt zu Ihrer Inneren Stimme hergestellt, so benötigen Sie die Wirkungsbeschreibungen der Nahrungsmittel nicht mehr. Die folgenden Empfehlungen sind als eine *zwischenzeitliche* Hilfe anzusehen! Verlieren Sie das Ziel nicht aus den Augen, eine Eigenverantwortlichkeit für Ihr Leben zu übernehmen und *selbst* zu erkennen, ob eine Speise passend für Ihre Konstitution ist oder nicht. Haben Sie erst einmal gelernt, auf Ihre Innere Stimme (die nie lügt!) zu hören, so können Sie getrost dieses und alle anderen Lehrbücher aus den Händen legen. Denn nur *Sie* allein können wissen, was für Sie geeignet oder ungeeignet ist!

Bevor wir uns den konkreten Ernährungsvorschlägen zuwenden, versuchen wir, die einzelnen Nahrungsmittel in verschiedene Gruppen zu unterteilen.

Die sechs Geschmacksrichtungen

Die ganzheitlich orientierte Heillehre der Inder, *Ayurveda* unterscheidet sechs verschiedene Geschmacksrichtungen, welche sich auf die vier Temperamente in unterschiedlicher Weise auswirken. Je nachdem welche Geschmacksrichtung ein Lebensmittel prägt, stärkt oder schwächt es die Elemente Feuer, Wasser, Luft und Erde in uns.

Wir können zwischen folgenden Geschmacksrichtungen unterscheiden:

- herb/zusammenziehend
- bitter
- süß
- salzig
- sauer
- scharf

In den folgenden Kapiteln erfahren wir, welche Nahrungsmittel mit ihren Geschmacksrichtungen eine Hilfe sein können, das eigene Potential besser zu nutzen. Eine ausführliche Übersicht über die Geschmacksrichtungen und ihre Zuordnung zu den verschiedenen Nahrungsmitteln folgt im Anschluß an die temperamentbezogenen Ernährungsempfehlungen.

Feuer-Ernährungsempfehlungen

Für den hitzköpfigen Feuer-Typ ist es wichtig, auf allen Ebenen seine überschüssige Energie abzureagieren; im Nahrungsbereich ist dies durch den Verzehr von knackigem, rohem Gemüse (Möhren, Kohlrabi), rohem Obst (bißfeste Äpfel und Birnen), aber auch von lange gelagertem, festem Vollkornbrot gewährleistet, welches hohe Anforderungen an Kaukraft und Verdauung stellt.

Der Feuer-Typ ist das einzige von allen vier Temperamenten, welches den ausschließlichen Verzehr von roher Nahrung über einen längeren Zeitraum hinweg (auch im Winter!) gut verträgt. Dies ist auf sein gut funktionierendes Stoffwechselsystem und damit auf sein starkes »Verdauungsfeuer« zurückzuführen. Die rohköstlerische Ernährungsweise ist aufgrund ihrer kühlenden Wirkung für den Feuer-Typ generell oder bei einer Störung des Feuer-Elements sehr zu empfehlen.

Zur »Abkühlung« bieten sich auch Obstkuren an. Besonders dann, wenn das Element Feuer klimatisch am aktivsten ist – im Hochsommer. Aber auch bei Bluthochdruck, Hitzewallungen und entzündlichen Hautausschlägen ist eine Obstphase (über mehrere Wochen hinweg) sehr zu empfehlen.

Da der Feuer-Typ, wie schon erwähnt, oft mit einer sehr gut funktionierenden Verdauung ausgerüstet ist, neigt er dazu, alles wahllos in sich hineinzustopfen, seien es nun Süßigkeiten, Hamburger oder Pommes frites: Der Wasser-Typ würde allein schon beim Anschauen dieser »Delikatessen« einige Pfunde zunehmen – beim Feuer-Typ dagegen werden auch sehr konzentrierte und kalorienreiche Lebensmittel gut vom Stoffwechsel aufgenommen, ohne daß es dabei zu einer Gewichtszunahme kommt.

Doch wird das Verdauungssystem über einen längeren Zeitraum hinweg übermäßig gefordert, so streicht es auch beim kräftigsten Feuer-Typ irgendwann einmal die Segel und erleidet Schiffbruch. Daher sollte sich das feurige Temperament nicht im Übermaß der Völlerei hingeben. Aber auch das andere Extrem, der eiserne Nahrungsverzicht, tut dem Feuer-Naturell nicht besonders gut: Es ist dasjenige Temperament, das nur schwer auf eine Mahlzeit verzichten kann. Solch ein Verzicht allein reicht aus, um es aus der Bahn zu werfen. Daher ist es für dieses Temperament empfehlenswert, die »goldene Mitte« anzustreben. Also weder Berge von Essen hinunterschlingen noch krampfhaft darben!

Da der Feuer-Typ unruhig (vielleicht ist gar *unausstehlich* das passendere Wort) wird, wenn er auf Essen verzichten muß, eignen sich Fastenkuren auch nur bedingt für ihn und sollten nicht über einen längeren Zeitraum hinweg durchgeführt werden.

Der Feuer-Typ neigt (besonders im Sommer) dazu, stark zu schwitzen. Deshalb ist es für dieses Temperament sehr wichtig, viel Flüssigkeit zu sich zu nehmen, um das »Feuer« im Zaum zu halten. Hier empfehlen sich stille Mineralwasser (Kohlen*säure* reizt dieses Temperament noch mehr), Früchtetees oder (natürlich gesüßte) Fruchtsäfte, die von beruhigender Wirkung sind – aber auch flüssigkeitsreiche Nahrung, wie Trauben, Gurken, Melonen und Pfirsiche, bietet sich an.

Die für das Feuer-Temperament geeigneten Geschmacksrichtungen

Da der Feuer-Typ vom Charakter her heiß, impulsiv, leicht und beweglich ist, wirkt kühlende, schwere und beruhigende Nahrung mit den Geschmacksrichtungen *herb, bitter* und *süß* harmonisierend auf dieses Temperament.

Die Geschmacksrichtung *süß* ist aufgrund ihrer beruhigenden Wirkung empfehlenswert für das feurige Temperament. Neben der beruhigenden Komponente vermittelt *süß* auch Beständigkeit, Wohlbefinden und Kälte, also alles Eigenschaften, die das Wesen des Wasser-Elements ausmachen. Würde der Wasser-Typ sich hauptsächlich von süßer Nahrung ernähren, so würde er noch behäbiger, noch ruhiger werden und noch mehr zu Erkältungen neigen, denn sein Phlegma verstärkt sich durch süße Speisen. Er benötigt zum Ausgleich eher feurige, scharfe Nahrung. Dem Feuer-Typ ist dagegen die beruhigende, süße Komponente zur Erlangung seines inneren Gleichgewichts dienlich.

Hier können wir wieder sehr gut erkennen, daß die Art und Beschaffenheit von Lebensmitteln, die dem einen Temperament gut tut, nicht auch für alle anderen Konstitutionen geeignet sein muß.

Süße Lebensmittel wirken entzündungshemmend und besänftigen ein Brennen im Körper. Sie sind deswegen geradezu prädestiniert dafür, bei Feuer-Störungen berücksichtigt zu werden.

Zu den Lebensmitteln mit der Geschmacksrichtung *süß* gehören sämtliche ungesäuerten Milchprodukte (Milch, Butter, Sahne etc.), süßes Obst (z. B. Bananen, süße Birnen, Pfirsiche), Getreide und daraus hergestellte Produkte (wie z. B. Vollkornnudeln und Vollkornbrot), Getreidegerichte aus Dinkel, Reis, Gerste, die Gruppe der kaltgepreßten Öle (aus Sesam, Sonnenblumenkernen, Sojabohnen), verschiedene Nußarten (Kokosnuß, Walnuß, Cashew, Haselnuß), Trockenfrüchte (Rosinen, Datteln, Feigen) und natürlich auch sämtliche Süßmittel, wie z. B. Ahornsirup, Birnen- und Apfeldicksaft, Honig oder Haushaltszucker. Der Haushaltszucker ist allerdings aus ernährungsphysiologischer Sicht abzulehnen und sollte durch Vollrohrzucker ersetzt werden. Überhaupt ist es für den Verbraucher empfehlenswert, so wenig konzentrierten Zucker wie möglich zu sich zu nehmen.

Der weiße Zucker, Traubenzucker, Fruchtzucker, aber auch die anderen genannten Süßmittel, die einen hohen Zuckergehalt haben, sind nicht zum täglichen Verzehr geeignet. Es ist viel gesünder, die Kraft der Süße aus ihrem natürlichen Gefüge heraus zu sich zu nehmen, z. B. in Form von süßem Obst (siehe auch das Kapitel über die »Grundlagen einer gesunden Ernährung«).

Übrigens ist der Feuer-Typ das einzige der vier Temperamente, welches konzentrierten Zucker *relativ* gut verträgt, ohne darauf sofort körperlich mit Symptomen (z. B. Übergewicht) zu reagieren. Dies ist auf sein ausgeprägtes Verdauungsfeuer und auf seinen Bewegungsdrang zurückzuführen, durch den der Zucker im Körper rasch verarbeitet wird. Daß der Körper keine Bremssignale setzt (wie z. B. beim oft *übergewichtigen* Wasser-Typ), ist nicht unbedingt als Vorteil zu sehen. Bei übermäßigem Haushaltszuckerverzehr bricht irgendwann auch der beste (Feuer-)Stoffwechsel zusammen; und ist das Stoffwechselsystem beim Feuer-Typ erst einmal gestört, so sind viel Zeit und Ausdauer nötig, um es wieder aufzubauen. Davon abgesehen schützt auch das stärkste »Feuer« im Verdauungstrakt nicht vor Karies!

Ein übermäßiger Verzehr von süßen Nahrungsmitteln (besonders von Süßigkeiten, in denen Zucker in konzentrierter Form vorliegt, z. B. Schokolade, Plätzchen, Kuchen, Speiseeis) kann fatale Folgen haben. So erhöht sich durch deren Verzehr die Wahrscheinlichkeit gesundheitlicher Störungen wie Fettleibigkeit, Erkältungen, Verschleimung, Asthma oder Verdauungsbeschwerden.

Die Geschmacksrichtung *bitter* ist aufgrund ihrer kühlenden und appetithemmenden Wirkung sehr für den Feuer-Typ zu empfehlen. Bittere Nahrung ist auch juckreizhemmend (was bei entzündlichen Hauterkrankungen sehr wohltuend ist), lindert ein Brennen (z. B. Sodbrennen) im Körper, wirkt durstreduzierend und blutreinigend. Wenn wir uns zurückerinnern, so erkennen wir hier verschiedene Feuer-Symptome wieder, auf die bittere Nahrung regulierend wirkt.

Mit bitteren Getränken und Obst kann man sich bei heißem Wetter gut abkühlen. Dazu bieten sich besonders Tonic Water, Bitter Lemon oder Grapefruit an. Bittere Nahrung hilft auch bei fieberhaften Erkrankungen, wirkt sich bei Magenreizungen, Gelbsucht und Eiterherden sehr wohltuend aus und korrigiert auch ein übertriebenes Verlangen nach Süßigkeiten. Von der Sucht nach Süßem ist zwar in erster Linie der Wasser-Typ betroffen, aber auch für das Feuer-Temperament, das dazu neigt, mit Schokolade und anderen Süßigkeiten sein überhitztes Temperament zu beruhigen, ist bittere Nahrung besonders zu empfehlen.

Der übergewichtige Feuer-Typ

Passend dazu ein Fall aus der Ernährungs-Beratung: Vor einiger Zeit kam eine Frau zu mir in die Beratung, die vom äußeren Erscheinungsbild, von ihrer Wesensart her und anhand des Temperament-Fragebogens dem Feuer-Naturell zuzuordnen ist.

Sie leidet an Hautreizungen sowie an einer stetigen Gewichtszunahme. Dazu kommt, daß ihr Partner sie sehr oft reizt, sie dementsprechend »genervt« und »sauer« ist und nur schwer zur Ruhe findet. Sie erzählte mir im Laufe der Beratung, daß sie in letzter Zeit sehr viele Süßigkeiten gegessen habe, besonders dann, wenn sie unter Streß stand und in gereizter Stimmung war.

Nun, wie wir mittlerweile wissen, wirkt süße Nahrung beruhigend auf den Menschen. Das Unterbewußtsein der Ratsuchenden signalisierte in diesem Fall, daß es, egal in welcher Form, für sie wichtig war, zur Ruhe zu finden – daher der Griff zu den Süßigkeiten. Durch den Verzehr von Süßem erfährt sie zwar momentan eine Beruhigung ihrer Gemütslage, doch solange sie nicht auf die Ursachen ihrer körperlichen und seelischen Reizung eingeht, wird sie immer wieder gereizt sein und entsprechend viel süße Nahrung essen, die allerdings nur eine kurzzeitige Beruhigung vermitteln kann. Ich empfahl ihr, statt Süßigkeiten Trockenfrüchte und süßes Obst zu essen, bittere Nahrung vorzuziehen, um das Verlangen nach Süßem zu drosseln, und schließlich die Ursachen ihrer Gereiztheit zu beheben. In diesem Fall ging es um die Lösung von Partnerschaftsproblemen. Außerdem durfte sie lernen, über Autogenes Training oder verschiedene Meditationstechniken mit den Aufgaben, die ihr das Leben stellte, gelassener umzugehen. Durch diese Anregungen wurde die Wurzel für die Hautreizungen und das Übergewicht gefunden und konnte schließlich beseitigt werden.

Anhand dieses Beispiels läßt sich nachvollziehen, wie aus einem gestörten Feuer-Element auch sogenannte Wasser-Symptome (in diesem Fall Übergewicht) entstehen können.

Doch kommen wir zu unserem Ausgangspunkt, der Geschmacksrichtung *bitter*, zurück. Diejenigen, die übermäßig viel Bitteres essen, seien gewarnt: Ein Zuviel an bitteren Nahrungsmitteln kann auch zu Störungen führen und Gewichtsverlust, trockene Haut, Müdigkeit, Unzufriedenheit, Schwäche- und Schwindelgefühl hervorrufen. Auch hier gilt: Probieren Sie selbst aus, was bittere Nahrung bei Ihnen bewirkt. Wenn Ihr Körper Ihnen signalisiert »Jetzt reicht's«, dann hören Sie darauf und zwingen sich zu nichts.

Folgende Nahrungspflanzen haben einen bitteren Geschmack:

Ampfer, Artischocken, Blattgemüse allgemein, Bockshornklee, Brennessel, Chicorée, Chinarinde, Endivien, Gelbwurz, Radicchio, Schafgarbe.

Ein Tee aus der bitteren Chinarinde wirkt übrigens fiebersenkend.

Herbe Lebensmittel wirken kühlend, zusammenziehend und besänftigen ein erregtes Gemüt. Sie regulieren auch eine gestörte Hautpigmentation; auffallend ist ihre »bremsende« Wirkung bei Durchfall. Aber auch bei Entzündungen der Schleimhäute, bei Reizungen der Haut und bei starker Schweißabsonderung sind herbe Nahrungsmittel zu empfehlen. Außerdem fördern sie die Abheilung von Wunden und die Blutstillung und begünstigen die Wiederherstellung der Membrane (Zellwände).

Ein *Zuviel* an herben Lebensmitteln kann Symptome wie Hauttrockenheit, Kältegefühl, Verstopfung, Nervosität, Blähungen, Steifheit, Abmagerung, Energieverlust und Niedergeschlagenheit zur Folge haben.

Folgende Früchte und Gemüse haben einen zusammenziehenden Geschmack: Blumenkohl, Bohnen, Brokkoli, Granatäpfel, Kartoffeln, Linsen, Quitten, Rhabarber, Schlehen. Aber auch Kräuter und Gewürze, wie z. B. Beinwell, Breitwegerich, Brennessel, Brombeerblätter, Enzian und Himbeerblätter sind der herben Geschmacksrichtung zuzuordnen.

Nicht empfehlenswert

Salzige Nahrung heizt Körper, Geist und Seele an und ist daher für den Feuer-Typ nur in geringem Umfang geeignet. Auch der Appetit wird durch salzige Speisen gesteigert, was für den immer hungrigen Feuer-Typ nicht zuträglich ist. Ein Übermaß an gesalzener Nahrung wirkt abführend, verursacht Durst und ein Brennen im Körper. Ein Zuviel an Salz kann den Heilungsprozeß entzündlicher Hautkrankheiten (z. B. Ekzeme) bremsen, das Tumorwachstum unterstützen und eine Übersäuerung des Körpers begünstigen, was wiederum Magen- und Darmreizungen zur Folge haben kann. All diese gesundheitlichen Störungen sind dem Element Feuer zugeordnet. Daher empfiehlt es sich für Feuer-Temperamente, aber auch für Menschen, bei denen das Element Feuer gestört ist, sparsam mit gesalzenen Speisen umzugehen, z. B. Kartoffelchips, gesalzenen Erdnüssen, Salzstangen, Pökelfleisch, Dosenkost (die oft übermäßig stark gesalzen ist) und selbstverständlich Fast Food (Hamburger, Hot Dogs, Currywürste etc.).

Da es oft vorkommt, daß das feurige Temperament seelisch wie körperlich gereizt ist und auch zu Haut- und Magenreizungen sowie zu Sodbrennen neigt, ist es ratsam, Lebensmittel mit der Geschmacksrichtung *sauer*, die tendenziell reizend und erhitzend wirken, nur in geringen Mengen zu verzehren. Saure Speisen regen auch den Appetit an, sie lassen sozusagen »das Wasser im Munde zusammenlaufen«. Ein Zuviel an saurer Nahrung kann die Ansammlung von Giften im Blut, die Übersäuerung des Körpers sowie Hautreizungen begünstigen. Außerdem kann ein Übermaß an saurer Nahrung das Abheilen entzündeter Stellen, Eiterungen, offener Wunden und Verbrennungen hemmen. Lebensmittel, die einen sauren Geschmack haben, sind z. B. alle gesäuerten Milchprodukte (Buttermilch, Joghurt, Kefir, Quark), milch- oder essigsauer eingelegtes Gemüse (Sauerkraut, Rote Beete, Gurken), Essig, saures Obst (wie Himbeeren, Stachelbeeren, Johannisbeeren), Sauerampfer, Zitrone, Hagebutten, Limonen.

Besonders Essig stört das Gleichgewicht des Feuer-Elements. Verfechter des Ayurveda empfehlen, Essig (aufgrund der übersäuernden Wirkung) ganz von der Speisekarte zu streichen und Salatdressings statt dessen mit Zitrone zuzubereiten. Die Zitrone wird zwar ebenfalls der Geschmacksrichtung sauer zugeordnet, kann aber (durch ihren sekundär zusammenziehenden Geschmack) auch für das Feuer-Temperament oder bei Störungen des Feuer-Elements in geringen Mengen benutzt werden.

Der übermäßige Genuß von Kaffee und Alkohol verstärkt ebenfalls das hitzige Gemüt des Feuer-Typs und strapaziert außerdem zusätzlich seine sowieso anfällige Magenschleimhaut. Als Alternative bieten sich der koffeinfreie Getreidekaffee oder z. B. als Glühweinersatz, ein Malventeepunsch an.

Um eine »Überhitzung« zu vermeiden, ist es für das Feuer-Naturell ratsam, in Öl Gesottenes, Gegrilltes, Gebratenes und Fritiertes nur ab und an zu essen, so z. B. Pommes frites, Brathähnchen, Currywurst.

Auch fettes Fleisch ist für den regelmäßigen Verzehr, besonders wenn es stark gesalzen und scharf gewürzt ist, aufgrund der erhitzenden Wirkung nicht geeignet. Wenn der Feuer-Typ schon nicht an einem Steakhaus vorbeigehen kann, so sollte er auf jeden Fall Wert darauf legen, zum »Abkühlen« vor dem Pfeffersteak genügend (bittere und herbe) Frischkost und zur Beruhigung als Dessert eine Süßspeise (z. B. süßes Obst) zu essen.

Sollten Sie mit einem *Heiß*hunger das Steakhaus betreten, so empfiehlt es sich, diesen vor dem Essen mit einem Glas Wasser, Salat oder sogar einem Kännchen Pfefferminztee zu besänftigen.

Überhaupt sollte der Feuer-Typ oder Menschen, bei denen das Feuer-Element gestört ist, einen großen Bogen um Restaurants machen, in denen kräftig und scharf gewürzt wird (die dort zubereiteten Speisen bilden eher eine Bereicherung für die langsamen und schweren Wasser- und Erd-Temperamente).

Scharf gewürzte Speisen werfen das Feuer-Temperament (besonders im Hochsommer) aus dem Gleichgewicht. Sie überhitzen und reizen das feurige Gemüt, erzeugen ein brennendes Gefühl im Körper und verstärken Durst und Appetit. *Scharf* ist von allen sechs die anregendste und belebendste Geschmacksrichtung. Der Genuß feuriger Nahrung führt zu vermehrter Schweißabsonderung – das hat jeder, der einmal herzhaft in eine Paprika- oder Chilischote gebissen hat, sicherlich schon am eigenen Leibe erfahren. Ein Zuviel an scharfer Nahrung kann auch Magenreizungen begünstigen und schlimmstenfalls zu einem Magengeschwür beitragen. Menschen, die zu Wutausbrüchen neigen, sollten tunlichst auf scharfe Lebensmittel und Gewürze verzichten, da diese sie noch mehr in Rage bringen und das Feuer-Element drastisch erhöhen. Typische scharfe Nahrungsmittel sind Knoblauch, Meerrettich, Paprika, Radieschen, Rettich, Zwiebeln, scharfe Speisen mit Gewürzen, wie Chili, Curry, schwarzem und Cayenne-Pfeffer.

Wenn das Feuer-Element zu sehr dominiert, empfiehlt es sich im allgemeinen, sparsam mit Gewürzen umzugehen, da sie fast alle die innere Flamme verstärken. Die Ausnahmen bilden unter anderem Gelbwurz, Kardamom, Koriander, Safran und Zimt, die zwar auch primär der Geschmacksrichtung *scharf* zugeordnet werden, aber nur mild wärmend wirken.

Wasser-Ernährungsempfehlungen

Leichte Nahrung ist bestens dazu geeignet, um die symptomatische Schwere und Labilität des Wasser-Temperaments aufzuheben. Mit leichter Nahrung ist jede Art von Frischkost gemeint: rohes Obst, Salate, rohes Gemüse sowie Sprossen und Keimlinge. Bei einer Störung des Wasser-Elements ist Rohkost als *Heilnahrung* zu empfehlen. Der Begriff »Heilnahrung« bezieht sich auf einen *begrenzten* Zeitraum (zwei bis vier Monate) und kann als Reinigungskur angesehen werden. Für diejenigen, denen eine Rohkostphase über diesen Zeitraum zu lang ist, empfiehlt es sich, zum Entgiften und Entschlacken wenigstens vormittags nur rohes

Obst zu essen. Gerade den schweren und zu Verschlackung und Übergewicht neigenden Erd- und Wasser-Temperamenten bietet Obst am Morgen eine willkommene Möglichkeit, sich der überflüssigen Pfunde zu entledigen und ihre Konstitution zu erleichtern – es fördert nämlich die Ausscheidung von Schlacken und Giften.

In der Zeit von vier bis zwölf Uhr befindet sich der Körper in der Entgiftungs-, Entschlackungs- und Ausscheidungsphase und sollte daher nicht von schwerverdaulicher Nahrung (Wurst, Marmelade, Schinken etc.) belastet werden. Obst hingegen gehört zu der Lebensmittelgruppe, die für das menschliche Verdauungssystem sehr leicht und schnell zu verarbeiten ist. Reiner Frischkostverzehr über Jahre hinweg ist für das Wasser-Temperament nicht ratsam, da dessen träger Stoffwechsel dadurch überstrapaziert werden könnte. Als Jahreszeit bietet sich für eine kurzzeitige Rohkostphase besonders der warme Sommer an, der auch in unseren Regionen reich an frischem Obst und Gemüse ist. Nimmt der Wasser-Typ dagegen im feuchtkalten Winter konsequent rohe Nahrung zu sich, so kann es gegebenenfalls zu Unverträglichkeiten kommen, da diese Ernährungsweise in dieser Jahreszeit zu kühlend auf das Wasser-Naturell wirkt und an dessen labilen Stoffwechsel zu hohe Anforderungen stellt. Es ist für den Wasser-Typ oder für Menschen mit einer Störung des Wasser-Elements ratsamer, in dieser Zeit das Gemüse leicht anzudünsten.

In der kalten Jahreszeit oder bei feuchtkaltem Wetter wirken auch *wärmende* Früchte- und Blütentees sehr wohltuend auf dieses Temperament, so z. B. Hagebuttentee oder Orangenschalentee mit Zimt und etwas Honig. Dem Honig wird besonders bei Erkältung und Verschleimung eine sehr harmonisierende Wirkung nachgesagt. Ebenfalls von wärmender und an*feuer*nder Dynamik ist Ingwertee (heißes Wasser mit geraspeltem, frischem Ingwer), der bei Verschleimungen, Schnupfen und Husten, aber auch in energiearmen Phasen des Lebens wahre Wunder vollbringt.

Von den Getreidearten eignen sich besonders Hirse und Hafer für das Wasser-Temperament zum Verzehr. Die Hirse vermittelt eine gewisse Wärme und Leichtigkeit; aber auch der Hafer, der von sämtlichen Getreidearten die feurigste ist, bewirkt eine Stimulation des phlegmatischen

Naturells. Nicht umsonst wurden früher den Pferden Hafersäcke umgebunden, damit die Tiere wieder an Kraft und Energie gewannen, um ihre schwere Arbeit zu verrichten. Wer im Winter zum Frühstück rohes Obst oder Frischkornbrei nicht so gut verträgt, sollte einmal Hirsebrei, mit Zimt oder Vanille abgeschmeckt, oder das angelsächsische Nationalfrühstück Porridge (aufgekochte Haferflocken als Brei oder als Waffeln) ausprobieren. Beide Gerichte sind äußerst nahrhaft und wärmen den ganzen Körper durch. Das Getreide, das den stärksten Bezug zum Element Wasser hat, ist der Reis. Seine Anbaumethode zeugt davon. Vertreter der anthroposophisch orientierten Ernährungslehre sagen dem Reis nach, er stimuliere den Flüssigkeitshaushalt im Körper. Dies ist unter anderem auf seinen entwässernd wirkenden Kaliumgehalt zurückzuführen.

Wenn wir uns daran erinnern, daß bei einer Störung des Wasser-Elements der Flüssigkeitsstrom im Körper stagniert und es dadurch zu Schwellungen in den Beinen oder zu Kreislaufstörungen kommen kann, so verstehen wir gut, warum gerade Reis für den Wasser-Typ oder bei Wasserstörungen sehr zu empfehlen ist.

Da das Wasser-Temperament oft zu einer aufgeschwemmten Körperform und zu Wasseransammlungen im Gewebe neigt, bieten sich *entwässernde* Kräuter oder Gewürze, wie z. B. Alfalfa, Löwenzahn, Petersilie, Wacholderbeeren und Zitronengras an.

Eine weitere Möglichkeit, die Wasseransammlungen im Körper zu reduzieren, bietet das Fasten.

Fasten – eine Wohltat für Körper, Geist und Seele

Gerade für das *schwere* Wasser-Temperament bietet das Fasten eine sehr gute Möglichkeit, sich der überschüssigen Pfunde zu entledigen. Nicht nur im körperlichen, sondern auch im seelischen Bereich erfährt der Mensch über das Fasten eine Erleichterung. Neben Schlacken können auch alte Denkmuster und Blockaden während des Nahrungsverzichts aufgelöst werden. Man kann das Fasten von der Wirkungsweise her als »leichtigkeitsfördernd« umschreiben.

Wenn wir uns in die Grundprinzipien der vier Elemente hineinversetzen, so verstehen wir, warum Fasten für den »leichten« Luft-Typ nur bedingt geeignet ist. Seine körperliche und geistige Leichtigkeit wird durch einen langzeitigen Nahrungsverzicht und die damit verbundene »erleichternde« Wirkung noch verstärkt.

Die labilen und schweren Erd- und Wasser-Typen dagegen erfahren durch das Fasten eine willkommene Ergänzung ihres Temperaments. Ihnen tut die beschwingende, leichte Wirkung des Fastens sehr gut. Für sie ist der Nahrungsverzicht, auch über einen längeren Zeitraum von mehr als zwei Wochen hinweg (unter ärztlicher Aufsicht), sehr empfehlenswert.

Für den Einsteiger sind Fastenkuren, die fünf bis sieben Tage dauern, zu empfehlen. Begleitend dazu eignet sich besonders die Lektüre von Lützner, »Wie neugeboren durch Fasten«, 1987, oder Buchinger, »Das Heilfasten und seine Hilfsmethoden«, 1982, vorzüglich. Ob Sie sich nun für Saftfasten, Wasserfasten oder Teefasten entscheiden, sei Ihnen überlassen. Das wichtigste ist, wenn Sie sich dazu entschlossen haben, mit dem Fasten anzufangen, daß Sie es auch wirklich tun und nicht hinauszögern (wozu besonders das Wasser-Temperament tendiert).

Für den Wasser-Typ ist es nicht ratsam, in der kälteren Jahreszeit zu fasten, da sein Stoffwechsel in dieser Zeit auf Sparflamme läuft, er deshalb zu Kreislaufproblemen neigt und dementsprechend schnell zu frieren anfängt. Die beste Zeit zum Fasten bietet (zum Verabschieden des Winters) der Frühling oder natürlich der energiereiche, warme Sommer.

Nach der Beendigung der Fastenzeit empfiehlt es sich, mit alten, überflüssigen Gewohnheiten (Überarbeitung, Streß, Nikotin, Alkohol, Kaffee, Schokolade, Fast Food etc.) zu brechen und sich einer gesunden Lebensweise zuzuwenden.

Warme Milch mit Honig und etwas geraspeltem Ingwer bilden für das oft erkältete und verschleimte Wasser-Temperament ein wahres Heilmittel, besonders bei feuchtkaltem Wetter. Honig kann, aufgrund seiner lösenden Wirkung, bei Krankheiten wie Bronchitis und Asthma sehr gut helfen. Aber auch hier ist es die Kunst, die goldene Mitte zu finden. Genießen Sie, wenn Sie an Erkältung oder Verschleimung leiden, pro Tag ein bis zwei Teelöffel kaltgeschleuderten Blütenhonig, aber übertreiben Sie es nicht. Ein Zuviel an Honig kann, genau wie weißer Zucker, körperliche Symptome wie Karies oder Übergewicht begünstigen!

Bei Erkältungen sollten dem Honig etwas Inger und/oder Kardamom beigegeben werden, da deren wärmende Wirkung den Gesundungsprozeß noch unterstützt. Bei Verschleimung empfiehlt es sich auch, auf frisch gepreßten Karottensaft mit Honig zurückzugreifen.

Die geeigneten Geschmacksrichtungen für das Wasser-Temperament

Wenn wir uns das Element Wasser ansehen, so fallen uns Eigenschaften wie kalt, langsam, feucht, ruhig und schwer auf. Dementsprechend bietet sich für das Wasser-Temperament oder bei Störungen des Wasser-Elements zum Ausgleich Nahrung an, die warm, anregend, leicht und trocken ist. Die Geschmacksrichtungen, die diese Merkmale in sich tragen, sind *scharf, bitter* und *herb.*

Wem läuft nicht bei seinem Lieblingsessen das Wasser im Munde zusammen? Ähnlich verhält es sich auch bei stark gewürzten Speisen. Durch deren Genuß werden nicht nur der Speichel im Mund, sondern auch die anderen Verdauungssäfte aktiviert und das Verdauungsfeuer gestärkt.

Lebensmittel mit *scharfem* Geschmack wirken sich äußerst anregend auf das träge Wasser-Temperament aus – ihr austrocknender Effekt kann gegen Wasseransammlungen im Körper und Übergewicht helfen. Stark gewürzte Speisen regen die Verdauung und den Stoffwechsel an. Da sich beim Wasser-Typ der Hang zum Ausruhen in den verschiedensten Arten von Trägheit ausdrückt und er damit auch zu Darm*trägheit* neigt, empfiehlt es sich in diesem Fall, ausscheidungsfördernde, scharfe Speisen zu bevorzugen. Es muß ja nicht gerade Rhizinusöl sein – das übrigens von der Geschmacksrichtung her ebenfalls als scharf einzuordnen ist.

Eine weitere Eigenschaft scharfer Nahrung, die für den oft kreislaufschwachen Wasser-Typ von Interesse sein kann, ist ihre stoffwechsel- und kreislaufanregende Wirkung.

Erwähnenswert ist auch, daß scharfe Nahrung dem Geist Klarheit vermittelt. Dies ist gerade für den oft verschlafen und lethargisch wirkenden Wasser-Typ gut zu wissen.

Oft graut es dem Wasser-Temperament, wenn es an die feuchtkalte Jahreszeit denkt. Schon allein beim Gedanken daran stellen sich die ersten Weichen für die kommende Erkältung. Was wir innerlich projizieren drückt sich früher oder später auch äußerlich aus – im Positiven wie im Negativen.

Man kann der ungemütlichen Erkältungszeit mit gezielt scharfer Nahrungsauswahl entgegenwirken. Scharfe, stark gewürzte Speisen sind gerade im Winter aufgrund ihrer wärmenden Wirkung dem fröstelnden Temperament zu empfehlen. Besonders eindringlich ist an dieser Stelle noch einmal die Ingwerknolle zu erwähnen: Gerade wenn eine Erkältung im Anflug ist, fördert der regelmäßige Genuß von Ingwer durch seine wärmende Wirkung den Gesundungsprozeß im menschlichen Körper.

Ingwer ist verdauungsstärkend, schleimlösend sowie aufbauend charakterisiert und kann besonders in der Aufbauphase nach einer überstandenen, kräftezehrenden Krankheit gezielt eingesetzt werden. Er ist ganz besonders Menschen zu empfehlen, die einen Mangel an Antriebskraft, Selbstbewußtsein und Durchsetzungsvermögen haben. Ingwer erhöht das Feuer-Element im Menschen und harmonisiert damit auch die genannten Schwächen.

Der goldene Mittelweg

Abschließend zum Thema *scharf* sei noch einmal gesagt, daß beim Verzehr von scharfer Nahrung entscheidend ist, den goldenen Mittelweg einzuschlagen. Wenn sie an einer Wasser-Störung leiden oder sich selbst als Wasser-Typ einschätzen, so fangen Sie bitte nicht an, von nun an überwiegend scharfe, stark gewürzte Speisen zu essen. Wie schon im vorhergehenden Kapitel beschrieben, kann ein *Zuviel* auch Störungen hervorrufen. Essen Sie regelmäßig Tag für Tag rohe Chilischoten, so werden Sie merken, daß es bei Ihnen früher oder später zu Feuer-Störungen, ganz konkret

z. B. zu Hitzewallungen und zum Anschwellen von Zunge, Lippen und Augen kommt.

Ein Übermaß an scharfen Lebensmitteln regt den Körper also nicht nur an, sondern reizt ihn auch. In diesem Sinne tasten Sie sich bitte vorsichtig in das Reich der Geschmäcker vor und sammeln langsam Ihre Erfahrungen.

Der Geist ist willig, nur das Fleisch ist schwach!

Während der philosophisch »angehauchte« Luft-Typ nach dem Sinn des Lebens sucht, läßt es die Sehnsucht des Wasser-Naturells vom Schlaraffenland träumen, wo Torte aus der Luft hinab in den offenen Mund fällt, Schokolade in den Bäumen hängt und Marzipanbrot aus der Erde sprießt. Auch auf Erden erliegt dieses Temperament seiner Sehnsucht nach Süßem und schreitet deswegen oft schwergewichtig durchs Leben.

Die Geschmacksrichtung, die dieser »Sucht« entgegenwirkt, ist *bitter*. Besonders bittere Kräuter und Gewürze, wie z. B. der kanadische Gelbwurz, Aloe Vera, Berberitze, Enzian und Löwenzahn üben diesbezüglich eine beruhigende Wirkung aus. Bittere Nahrung wirkt leicht, kalt und trocken und ist demnach für den schweren, *wäßrigen* Typus als ideal anzusehen. Aufgrund ihrer kühlenden Wirkung sind Lebensmittel, die von dieser Geschmacksrichtung geprägt sind, im Winter nur in geringem Umfang für den leicht fröstelnden Wasser-Typ geeignet, bei heißem und schwülem Wetter dagegen ist bittere Nahrung aufgrund ihrer kühlenden Wirkung besonders zu empfehlen. Gerade Blattsalate wie z. B. Lollo Rosso oder Eichblattsalat bieten sich in der heißen Phase des Jahres zum Abkühlen an.

Bittere Nahrung strafft schlaffes Körpergewebe, schlaffe Haut, fördert Flüssigkeitsverminderung in den Geweben und wirkt verdauungsanregend. Nicht umsonst wird in griechischen Restaurants am Ende der Mahlzeit der leicht bittere Verdauungsschnapps Ouzo ausgegeben: Er regt die Ausschüttung der Magensäfte an, was sich förderlich auf die Verdauung auswirkt.

Besonders hervorzuheben ist auch die *trocknende* Wirkung von bitterer Nahrung, die gerade bei Verschleimung jeglicher Art vorteilhaft eingesetzt werden kann. In geringen Mengen verzehrt, üben bittere Lebensmittel eine anregende Wirkung aus; bei größeren Mengen jedoch kehrt sich dieser Effekt um, und es kommt zu einer beruhigenden und bremsenden Wirkung. Aus diesem Grund sind bittere Nahrungsmittel in erster Linie für den Feuer-Typ geeignet, der auch im Winter größere Mengen davon verzehren kann. Die bittere Nahrung bietet auch dem Wasser-Typ Vorteile, sollte aber nicht (besonders im Winter) im Übermaß genossen werden.

Die Geschmacksrichtung *herb* ist wie bitter zu bewerten: Zusammenziehende Lebensmittel sind von ihrer Wirkungsweise her leicht, kühlend, trocknend und straffend. Gerade der zusammenziehende Effekt sorgt dafür, daß ein übergewichtiger Körper gestrafft wird. Den austrocknenden Effekt kann man sich besonders bei Verschleimung oder auch bei vermehrter Wasseransammlung im Körper zunutze machen.

Da ein Zuviel an herber Nahrung aber auch beruhigend wirkt und eine gewisse »Steifheit« zur Folge hat, empfiehlt es sich für den Wasser-Typ, sie in Maßen zu sich zu nehmen.

Nicht empfehlenswert

... sind *kalte* Speisen. Mit »kalt« sind frisch aus dem Kühlschrank geholte oder tiefgefrorene Lebensmittel gemeint. Gerade für das Wasser-Naturell ist es wichtig, Milch, Fruchtsaft, Butter, Joghurt, Quark und Käse nach der Entnahme aus dem Kühlschrank erst einmal wärmer werden zu lassen.

Ebenfalls kühlend, aber auch schleimfördernd wirken Milch und Milchprodukte, die der Wasser-Typ daher nicht im Übermaß zu sich nehmen sollte, besonders dann, wenn er zu Verschleimung und Erkältungen neigt.

Die Ausnahme bildet, zusammen mit Honig und wärmenden Gewürzen, erwärmte Milch, deren kühlende Wirkung durch den eingeleiteten Wärmeprozeß ausgeglichen wird.

Genauso behutsam ist mit dem Verzehr von Fleisch und Wurst, die in noch stärkerem Maße als Milchprodukte eine gewisse Schwere und Labilität vermitteln, umzugehen. Sie verstärken das Phlegma des Wasser-Temperaments.

Süßigkeiten, Puddings, Cremes und all die Schleckereien, zu denen sich der Wasser-Typ hingezogen fühlt, *erschweren* ihm noch das Leben – sie wirken verstopfend und kühlend. Den gemeinsamen Nenner dieser Köstlichkeiten bildet die Geschmacksrichtung *süß:* Sie begünstigt Übergewicht, Lethargie, Erkältungen, Wasser- und Schleimansammlungen im Körper und eine Verlangsamung der Verdauungsprozesse. Süßes steht mit seinen Eigenschaften dem Wasser-Element von allen Geschmacksrichtungen am nächsten. Menschen, bei denen das Wasser-Element dominiert oder gestört ist, sollten daher mit konzentrierter süßer Nahrung (z. B. Haushaltszucker) zurückhaltend sein, da diese einer harmonischen Nutzung ihres Potentials entgegenwirkt. Mit einer Ausnahme: Das einzige konzentrierte süße Lebensmittel, das harmonisierend auf das Wasser-Temperament wirkt und in begrenztem Umfang eingesetzt werden kann, ist, wie schon beschrieben, der Honig.

Stark *salzhaltige* Lebensmittel fördern die Ansammlung von Flüssigkeit im Körper. Sie sind damit für das Wasser-Temperament, welches oft mit Flüssigkeitsstauungen im Körper konfrontiert wird, nur in Maßen geeignet. Da Salz den Geschmack von Speisen und den Appetit verstärkt, ist es besonders für übergewichtige Menschen nur mäßig geeignet.

Bluthochdruck kann eine indirekte Folge von Übergewicht sein. Menschen, die davon betroffen sind, sollten daher das bluthochdruckfördernde Salz durch frische Kräuter zum Würzen ersetzen. Das heißt nicht, daß Salz ganz von der Speisekarte des Wasser-Temperaments gestrichen werden muß. Vielmehr ist es ratsam, auf stark gesalzene Snacks (Chips, Erdnüsse, Salzstangen) zu verzichten.

Da salzige Lebensmittel nach Ayurveda von der Wirkung her schwer und ölig sind – diese markanten Merkmale des Wasser-Typs (Übergewicht, fettige Haare, ölige Haut), sind – eignen sie sich für dieses Temperament nur bedingt.

Sehr *fettige* Gerichte, wie z. B. Thunfisch in Öl, fetter Schweinebraten oder Pommes frites, sind ebenfalls für das Wasser-Naturell ungeeignet, da sie das (bei diesem Temperament schwache) Verdauungssystem überfordern. Das heißt natürlich nicht, daß der Wasser-Typ von nun an auf sämtliche Nahrungsfette verzichten soll. Gerade so hochwertige Fette wie kaltgepreßte Öle oder Butter stellen selbstverständlich weiterhin wichtige Ergänzungen des täglichen Speiseplans dar. Besonders Mandel-, Sonnenblumen- und Maisöl sind aufgrund ihrer wärmenden Wirkung für dieses Naturell empfehlenswert.

Ein Zuviel an *sauren* Nahrungsmitteln kann Wasseransammlungen und »Schwere« im Körper begünstigen. Saure Nahrung regt den Appetit und den Speichelfluß an und begünstigt Verschleimungen, verstärkt also das feuchte Element und ist deshalb nur bedingt für das Wasser-Temperament zu empfehlen.

Zusammenfassend ist es für den Wasser-Typ oder bei Störungen des Wasser-Elements angeraten, sparsam mit *fettiger, salziger, saurer* und *süßer* Nahrung umzugehen sowie auf *kalte* Lebensmittel ganz zu verzichten.

Luft-Ernährungsempfehlungen

Der Luft-Typ verkörpert das Temperament, das die Rohkostnahrung über einen längeren Zeitraum hinweg am wenigsten verträgt. Das ist darauf zurückzuführen, daß diese leichte und kühlende Ernährungsform das Luft-Element im Menschen noch verstärkt. Von daher ist die reine Frischkost für Menschen, bei denen das Luftelement im Ungleichgewicht ist (d. h., die zu Symptomen wie nervösen Störungen, Ruhelosigkeit, Kälteempfindlichkeit und Untergewicht neigen), über einen längeren Zeitraum hinweg nicht empfehlenswert. Beim konsequenten Verzehr von roher Nahrung besteht die Wahrscheinlichkeit, daß sich die genannten Symptome noch verstärken. Das bedeutet allerdings nicht, daß Menschen mit Luft-Temperament oder Luft-Störungen nicht mehr rohes Obst und

Gemüse essen sollten. Nicht zu empfehlen ist lediglich der *konsequente* Verzehr von Frischkost über einen Zeitraum von mehreren Monaten oder Jahren hinweg. Es ist jedoch nichts dagegen einzuwenden, zu den täglichen Mahlzeiten rohes Obst und Gemüse zu essen. Ganz im Gegenteil, der Verzehr von Frischkost stärkt das Immunsystem, und dies kann für den empfindlichen und »dünnhäutigen« Luft-Typ nur von Vorteil sein.

Wenn überhaupt, so bietet sich der Sommer für eine kurzzeitige Rohkostphase an – der Winter ist von der Jahreszeit her dafür nicht geeignet.

Das ist damit zu erklären, daß der Luft-Typ, der in der kalten Jahreszeit sowieso ständig zittert, durch ein Zuviel an roher Nahrung noch mehr frieren würde. Bei Störungen des Luft-Elements sollte deshalb besonders im Winter wärmende und beschwerend wirkende Nahrung gegessen werden, so z. B. warme, nahrhafte Speisen, herzhafte Eintöpfe und Suppen oder frischgebackener Streuselkuchen.

Zum Frühstück ist es (zumindest in der kalten Jahreszeit) für den Luft-Typ nicht ratsam, nur rohes Obst zu essen, da dieses aufgrund seiner kühlenden Wirkung an den Stoffwechsel zu hohe Anforderungen stellt, was zur Folge haben kann, daß nur ungenügend Wärme produziert wird.

Ein warmer, aufbauender Getreidebrei aus Reis oder Gerste oder der schon erwähnte Porridge, angereichert mit wärmenden Gewürzen wie Zimt oder Vanille, sind für das Luft-Naturell eher zum morgendlichen Verzehr geeignet. Der warme Getreidebrei beruhigt die gereizten Nerven des Luft-Typs und strapaziert dessen Verdauungssystem nicht so sehr wie z. B. rohe Wurzeln (Sellerie, Rettich) oder gar rohes Getreide in Form von Frischkornbrei. Durch den Erhitzungsprozeß, der bei der Zubereitung des Getreidebreis entsteht, wird das Getreide bereits »aufgeschlossen« und fordert damit den Verdauungsorganen nicht soviel Energie ab wie rohes und nicht erwärmtes Getreide.

Zum Wärmen und zur Gewichtszunahme empfehlen sich für das leichtgewichtige Luft-Naturell »energiehaltige« Nußmuse (Sesam-, Erdnuß-, Haselnußmus). Ratsam sind auch Gewürze wie z. B. Zimt, Fenchel und Kardamom. Sie alle wirken wärmend, aber auch appetitanregend.

Das es für den zu Trockenheit neigenden Luft-Typ ratsam ist, sein Wasser-Element zu verstärken, wirkt flüssigkeitsreiches Obst wie Melone, Ananas und Pfirsich besonders harmonisierend auf dieses Temperament.

Zum Fasten läßt sich in bezug auf das Luft-Temperament ähnliches wie zur rohköstlerischen Ernährungsweise sagen. Da das Fasten Körper, Geist und Seele eine gewisse Leichtigkeit vermittelt, ist es für das leichtgewichtige und nervöse Temperament nur in begrenztem Umfang geeignet. Fasten verstärkt das Luft-Element im Menschen und ist daher in erster Linie den »schweren« Erd- und Wasser-Temperamenten dienlich.

Eine gute Möglichkeit, das strapazierte Nervenkostüm des Luft-Typs zu beruhigen, bieten übrigens verschiedene Teesorten, wie z. B. der Lavendel- und Melissentee.

Die für das Luft-Temperament geeigneten Geschmacksrichtungen

Da für den Luft-Typ Eigenschaften wie kalt, trocken, leicht und nervös symptomatisch sind, eignen sich Lebensmittel mit den Geschmacksrichtungen *süß*, *sauer* und *salzig*, die von wärmender, befeuchtender, schwerefördernder und beruhigender Wirkung sind, am besten für dieses Temperament.

Süß ist die Geschmacksrichtung, die besonders wohltuend für den Luft-Typ ist, denn süße Nahrung wirkt schwerefördernd, gewichtsvermehrend, beruhigend, beständigkeitsfördernd und aufbauend bei Untergewicht. Außerdem vermitteln süß schmeckende Lebensmittel Kraft und Energie für Körper, Geist und Seele und fördern darüber hinaus auch die Schleimbildung im Körper. Wenn wir die oft leichte, nervöse, zerfahrene und trokkene Konstitution des Luft-Temperaments berücksichtigen, so wird verständlich, warum gerade (naturbelassene) süß schmeckende Lebensmittel heilsam für diesen Typus sind.

Natürlich versucht der Luft-Typ (genau wie der Feuer-Typ) gern, sich mit Süßigkeiten zu beruhigen. Da er von seiner Wesensart her sehr aktiv ist, setzen die Leckereien bei ihm allerdings nicht so schnell an wie z. B. beim labilen Wasser-Temperament. Trotzdem schwächen natürlich Konfekt und Schleckereien auch dieses Naturell und sind zum häufigen Verzehr nicht geeignet.

Für den Luft-Typ gelten dieselben Empfehlungen bezüglich der Geschmacksrichtung süß wie für das Feuer-Temperament. Bei den verschiedenen Getreidearten ist besonders der Vollkorn-Reis (wirkt nährend und beschwerend) und der Dinkel (wirkt beschwerend) zu empfehlen. Auch die »süßen«, nichtgesäuerten Milchprodukte sind aufgrund ihrer schwere und schleimfördernden Wirkung bestens für das Luft-Naturell geeignet.

Neben der süßen Geschmacksrichtung spielt auch die *saure* eine wichtige Rolle für das Luft-Temperament. Sie verleiht dem Essen Geschmack (was für das oft appetitlose, leichtgewichtige Luft-Naturell nur gut sein kann), regt die (beim Luft-Typ oft geschwächte) Verdauung an und erzeugt eine gewisse Schwere. Saure Nahrung facht auch das Verdauungsfeuer an.

Der Luft-Typ sollte es allerdings nicht übertreiben, denn ein Zuviel an sauren Lebensmitteln kann zu einer Übersäuerung und Überreizung des Organismus führen.

Salzige Nahrung wirkt appetitanregend, schwerefördernd, beruhigend, befeuchtend und wärmend. Für den Luft-Typ ist es natürlich nicht ratsam, sich von morgens bis abends von salzigen Snacks zu ernähren. Es empfiehlt sich eher, auf diejenigen Nahrungsmittel zurückzugreifen, bei denen Salz in natürlicher Form auftritt. Hier bieten sich die in der Makrobiotik oft benutzten Lebensmittel an, wie z. B. Algen (Wakame, Nori), Seegras (Hijiki) oder zum Würzen Sojasauce (Shoyu, Tamari). Als Ersatz für Bohnenkaffee (der im Übermaß genossen den zappeligen Luft-Typ aus dem Gleichgewicht bringt) empfehlen sich Getreidekaffee oder der teeinarme Kukicha-Tee.

Nicht empfehlenswert

... für den Luft-Typ sind *scharfe* Nahrungsmittel. Diese wirken anregend, austrocknend und leichtigkeitsfördernd. Sie können bei übermäßigem Verzehr Schwindel und Unruhe verursachen und sind deshalb für den aufgekratzten, zu trockener Haut neigenden und nervösen Luft-Typ nur in Maßen geeignet.

Da die Geschmacksrichtung scharf auch wärmend wirkt, empfehlen sich scharfe Lebensmittel bis zu einem gewissen Grad auch für den leicht frierenden Luft-Typ. Ihm sind die Gewürze Fenchel, Anis und Kümmel zu empfehlen, obwohl bei ihnen eher die Geschmacksrichtung scharf dominiert. Sie wirken krampflösend, verdauungsfördernd und windtreibend und können daher bei Krämpfen, Verdauungsproblemen oder Blähungen (alles Luftsymptome) als Gewürz, Tee oder als Öl zum Einreiben eingesetzt werden.

Da die Geschmacksrichtung *bitter* sowohl straffend auf die (trockene, gestraffte Luft-Typ-)Haut als auch kühlend, leichtigkeitsfördernd wirkt und, im Übermaß genossen, Trockenheit (trockene Haut, ausgetrockneter Mund) begünstigt, sind bittere Lebensmittel für das Luft-Temperament oder bei Luft-Störungen nur bedingt zu empfehlen.

Aber auch hier gibt es Ausnahmen, die gezielt bei Luft-Störungen eingesetzt werden können. So wirken sich der Geschmacksrichtung bitter zugeordnete Pflanzen wie Brennessel, Löwenzahn, Bitterklee und Benediktinerkraut regulierend auf Appetitmangel, Untergewicht und Verdauungsstörungen aus. Sie bilden die Ausnahme bei den ansonsten leichtigkeitsfördernden, bitteren Lebensmitteln.

Herbe Nahrung wirkt kühlend, leichtigkeitsfördernd und trocknend und verstärkt damit zusätzlich das Luft-Element. Ein Übermaß an zusammenziehenden Lebensmitteln kann Luftstörungen wie Trockenheit im Mundbereich, Blähungen, Schwächezustände und Verstopfungen hervorrufen. Aus den genannten Gründen sollte der Luft-Typ behutsam mit zusammenziehender Nahrung umgehen.

Auf das Luft-Temperament wirken sich kühle Speisen (frisch aus dem Kühlschrank/Gefrierfach, Speiseeis) schwächend aus – sie verstärken noch den Hang zum Frieren und stellen außerdem hohe Anforderungen an das Verdauungssystem.

Erd-Ernährungsempfehlungen

Auf den zu Verstopfung und Verschlackung neigenden Erd-Typen übt *lösende* Nahrung eine harmonisierende Wirkung aus. Hier ist an erster Stelle der Honig zu erwähnen, der ein wahres Heilmittel für dieses Temperament darstellt. Mehr als ein bis zwei Teelöffel Honig am Tag wirken allerdings auch auf diesen Typus schwächend. Die Einnahme von Honig läßt sich sehr gut mit Früchte- und Blütentees verbinden. Diese eignen sich aufgrund ihrer wärmenden, verströmenden und öffnenden Wirkung hervorragend für den Erd-Typ zum Trinken, besonders in der Zeit der Kälte, des Zurückziehens und Insichgehens – im Winter.

Da das Erd-Naturell oft Probleme mit Verschlackung, Verstopfung und seiner schweren, steifen Wesensart hat, empfiehlt sich der Verzehr von Frischkost, die entschlackend und leichtigkeitsfördernd wirkt, sehr für dieses Temperament. Viel frisches, rohes Obst und Gemüse, frisch gepreßte Gemüse- und Obstsäfte sowie Sprossen und Keimlinge vollbringen beim Erd-Typ bei den oben genannten Problemen wahre Wunder. Sie machen leicht und beweglich und sind zum täglichen Verzehr für das Erd-Temperament besonders zu empfehlen.

Für diejenigen, bei denen sich unverdaute Nahrungsreste im Darm abgesetzt haben (ein Erd-Symptom) und das Leben *erschweren*, empfiehlt es sich, nicht überwiegend tierische Produkte wie Fleisch, Wurst, Eier und Milchprodukte zu sich zu nehmen, da dies eine Verschlackung im Körper begünstigt. Zu bevorzugen ist in diesem Fall eine frischkostreiche, lacto-vegetabile Ernährungsweise, bei der neben der rein pflanzlichen Nahrung auch in geringem Maße Milch und Milchprodukte verzehrt werden.

Der konsequente Verzehr von Rohkost über einen längeren Zeitraum hinweg wird Menschen mit einem hohen Erd-Potential nicht sehr behagen, obwohl diese Ernährungsform gerade für sie sehr angebracht erscheint, denn der Erd-Typ ist doch mehr für das Handfeste und läßt sich nicht so schnell von seinem Schweinebraten und der Landleberwurst abbringen.

Sollte er sich doch einmal zu einer Entschlackung entschließen, so empfiehlt es sich, mit einer einwöchigen Fastenkur zu beginnen und danach mit einer zwei- bis viermonatigen Rohkostkur fortzufahren. Wenn einem diese Zeit zu lang ist, so bietet sich auch ein kürzerer Zeitraum zum Fasten an.

Von entschlackender und entgiftender Wirkung ist übrigens auch der Verzehr von rohem Obst am Vormittag. Um die im Körper festsitzenden Schlacken herauszuspülen, sollte man stark wasserhaltige Frischkost (Melone, Gurke, Pfirsich) sowie Rhabarber, Sauermilch und Trinkmolke verzehren.

Von den verschiedenen Ernährungsformen ist neben der erwähnten Rohkost auch eine ballaststoffreiche Ernährung aufgrund ihrer verstopfungslösenden und die Darmflora reinigenden Wirkung für das Erd-Naturell geeignet.

Ballaststoffe sind vorwiegend in Vollgetreideprodukten, Hülsenfrüchten, Nüssen, Obst und Gemüse enthalten.

Wärmende Nahrung fördert den Heilungsprozeß von körperlichen und seelischen Verhärtungen und Verkrampfungen und ist daher für das Erd-Naturell sehr zu empfehlen.

Dem Erd-Temperament tut (besonders im Winter) diese wärmende Wirkung, die von Kohlgemüse (Rosenkohl, Blumenkohl, Broccoli) ausgeht, gut. Neben der wärmenden Komponente hat die Kohlfamilie auch lösende Funktion, die besonders harmonisierend auf dieses Temperament wirkt.

Von wärmender Wirkung sind auch Kräuter, wie z. B. Lavendel, Oregano, Rosmarin und Salbei. Aber auch Getreidearten wie Gerste, Hirse und Hafer begünstigen die Wärmebildung im Organismus.

Die für das Erd-Temperament geeigneten Geschmacksrichtungen

Zum Reinigen, Entgiften, Öffnen (der Erd-Typ neigt dazu, sich nach innen wie außen zu verschließen) und zur Förderung der (beim Erd-Typ nicht sehr ausgeprägten) Schlagfertigkeit eignen sich für dieses Temperament besonders *scharfe,* feurige Gewürze, wie z. B. Curry, Cayenne, Chili oder Meerrettich. Auch der charakteristischen Steifheit und Unbeweglichkeit des Erd-Naturells wird durch feurige Nahrung entgegengewirkt.

Aber auch *bittere* und *herbe* Nahrung eignet sich aufgrund ihrer entschlackenden, entgiftenden, reinigenden, leichtigkeitsfördernden und Klarheit vermittelnden Wirkung sehr gut für das Erd-Naturell.

Herbe Lebensmittel wirken harmonisierend auf Verstopfung. Ein Zuviel davon kann aber auch das »Zusammenziehen«, sprich das Abkapseln von Gesellschaft (wozu der Erd-Typ neigt), noch unterstützen.

Zusammenfassend empfehlen sich für den Erd-Typ oder für Menschen, bei denen das Erd-Element gestört ist, Lebensmittel, die von der Wirkung her entschlackend, anregend, öffnend und leichtigkeitsfördernd sind. Von den Geschmacksrichtungen her sind dies: *scharf, bitter* und *herb.*

Nicht empfehlenswert

...für Menschen mit einem hohen Erd-Potential sind aufgrund ihrer verschlackenden und schwerefördernden Wirkung große Mengen Fettgebratenes, Fritiertes, Gegrilltes, Fleisch, Wurst, Eier sowie Hülsenfrüchte.

Schwächend auf das Erd-Temperament wirken auch alte und wiederaufgewärmte Speisen, ebenso Fertiggerichte und Konserven. Sie alle haben gemeinsam, daß sie vitalstoffarm, also nicht mehr »lebendig« und somit von beschwerender, verschlackender Wirkung sind. Gerade die Ernährung bietet dem Erd-Typ eine gute Möglichkeit, die für ihn charakteristische Schwere und Starrheit aufzulösen, indem er sich ausreichend von vitaler, leichter Nahrung (rohes Obst, leicht gedünstetes oder rohes Gemüse, Sprossen und Keimlinge) ernährt.

Zu meidende Geschmacksrichtungen

Wie wir schon beim Wasser-Typ gesehen haben, wirken *süße* Lebensmittel auf den Menschen beschwerend, beruhigend, gewichtsvermehrend. Im Übermaß genossen, begünstigt süß schmeckende Nahrung Übergewicht, Verstopfung und Schwerfälligkeit. Diese Symptome stehen den Eigenschaften des Erd-Elements sehr nahe und fördern damit deren Maximierung. Aus diesem Grund empfiehlt es sich für den Erd-Typ oder für Menschen, bei denen das Element Erde gestört ist, stark konzentrierte, süße Nahrung (in der der weiße Haushaltszucker vorkommt) zu meiden. Gemeint sind dabei natürlich nicht süße Früchte oder kaltgepreßte Öle (die auch der Geschmacksrichtung süß zugeordnet werden); sie stellen im Gegenteil eine willkommene Ergänzung des Speiseplans des Erd-Temperaments dar.

Nahrung mit der Geschmacksrichtung *sauer* beschwert den Körper und begünstigt damit eine Gewichtszunahme, was dem zu einem schweren Körperbau neigenden Erd-Typ nicht besonders gut tut.

Salzige Lebensmittel wirken beruhigend, schwerefördernd und vermögen Flüssigkeiten im Körper zu binden. Wenn wir bedenken, daß zum Entschlacken ein funktionierender Flüssigkeitshaushalt gehört, verstehen wir, daß ein Zuviel an gesalzener Nahrung bei Störungen des Erd-Elements nicht zu empfehlen ist.

Für diejenigen, die sich näher mit den sechs Geschmacksrichtungen und ihren Wirkungsweisen beschäftigen möchten, ist es zweckmäßig, auf ayurvedisch orientierte Literatur zurückzugreifen, die am Ende des Buches in einer Auswahl näher aufgeführt ist.

Allgemeines zu den Geschmacksrichtungen

Die vier Temperamente mit ihren geeigneten Geschmacksrichtungen

	Feuer	Wasser	Luft	Erde
Herb/Zusammenziehend	X	X	/	X
Bitter	X	X	/	X
Scharf	/	X	/	X
Sauer	/	/	X	/
Salzig	/	/	X	/
Süß	X	/	X	/

Die sechs Geschmacksrichtungen mit den dazugehörigen Nahrungsmitteln – nach Ayurveda

Herb/Zusammenziehend
Äpfel, Alfalfa, unreife Bananen, Birnen, Blumenkohl, Bohnen, Borretsch, Brennessel, Broccoli, Brombeerblätter(-Tee), Granatäpfel, Grünkohl, Hamamelis, Hibiskus, Himbeerblätter(-Tee), Johanniskraut, Kartoffeln, Linsen, Preiselbeeren, Quitten, Rhabarber, Rosenkohl, Schlehen, Walderdbeeren.

Bitter
Artischocken, Aloe Vera, Bitterklee, Bitter Lemon, Blattgemüse allgemein, Bockshornklee, Chicorée, Eichblattsalat, Endivien, Gelbwurz, Johanniskraut, Koriander, Löwenzahn, Lollo Rosso, Mistel, Radicchio, Schafgarbe, Spinat, Tonic Water, Wegwarte, Wermut, Zinnkraut.

Scharf
Anis, Basilikum, Cayennepfeffer, Chili, Cumin, Curry, Dill, Eukalyptus, Ingwer, Kamille, Kardamom, Knoblauch, Lorbeerblätter, Kümmel, Meerrettich, Nelken, Oregano, Peperoni, Pfefferminze, Radieschen, Rettich, Rosmarin, Salbei, Pfeffer, Senf, Thymian, Ysop, Zimt, Zwiebeln.

Sauer

Buttermilch, Erdbeeren, Essig, Frischkäse, Hagebutten, Himbeeren, Joghurt, Johannisbeeren, Kefir, milchsauer- und essigsauer eingelegtes Gemüse, Mango, Molke, Pflaumen, Quark, Sauerampfer, Sauerkraut, saures Obst allgemein, saure Sahne, Stachelbeeren, Trauben, Zitronen.

Salzig

Irisch Moos, Kräutersalz, Meeresgemüse (Arame, Hijiki, Wakame, Kombu, Nori), Meersalz, Miso, Sojasauce (Shoyu, Tamari), Steinsalz.

Süß

Ahornsirup, Apfeldicksaft, Bananen, Birnendicksaft, Butter, Datteln, Dinkel, Feigen, Fleisch (vom Rind, Fisch, Lamm, Schwein), Gerste, Getreideprodukte (Vollkornbrot, Vollkornnudeln etc.), Hafer, Haselnüsse, Hirse, Honig, kaltgepreßte Öle (Distel-, Oliven-, Leinöl), Kokosnuß, Kürbiskerne, Leinsamen, Mais, Mandeln, Melonen, Milch (Kuh-, Ziegen-, Schafsmilch), Pfirsiche, Roggen, Rübensirup, Sesam, Sonnenblumenkerne, Spargel, süßes Obst allgemein, süße Sahne, süße Trauben, Süßkartoffeln, Vollrohrzucker, Weizen.

Ist in jedem Nahrungsmittel nur eine Geschmacksrichtung enthalten?

Nein, im Gegenteil: Es ist eher selten, daß nur eine Geschmacksrichtung in einem Lebensmittel enthalten ist. So beinhaltet z. B. die Zwiebel die Geschmacksrichtungen süß und scharf. Je nach Zubereitungsform dominiert die eine oder andere geschmackliche Richtung. Bei einer rohen Zwiebel ist der scharfe Geschmack dominant, wogegen eine gekochte oder gedünstete Zwiebel bekanntlich süß schmeckt. Oft sind die Geschmacksrichtungen süß und sauer bei Obst gemeinsam vertreten, denken wir z. B. an die Orange oder Nektarine. In manchen Kräutern oder Gewürzen sind gleich drei oder vier Geschmacksrichtungen vertreten, wie z. B. bei Salbei, der scharf, bitter und zusammenziehend ist, oder Gelbwurz, der ebenfalls diese Geschmackskombination enthält. Doch meist dominiert eine Geschmacksrichtung und läßt die anderen »Geschmäcker« in den Hintergrund treten.

Wirkungsweisen der Geschmacksrichtungen

Bei der Beschreibung der Geschmacksrichtungen wurde besonders Wert auf ihre *Wirkungsweisen* gelegt. Ayurveda unterscheidet zwischen den sechs Geschmacksrichtungen und teilt diese zusätzlich in zwei Eigenschaftsgruppen ein: die erhitzende und die kühlende.

Als *erhitzend* werden scharfe, saure und salzige Nahrungsmittel beschrieben. Sie können Schweißabsonderungen, Hautausschläge, Durst und ein Brennen im Körper begünstigen und sind daher für den Feuer-Typ ungeeignet. Von *abkühlender* Wirkung sind süße, herbe und bittere Lebensmittel. Sie sind besonders für das Feuer-Temperament geeignet.

Weiter kann bei den Geschmacksrichtungen zwischen einer *trocknenden* und *befeuchtenden* Wirkung unterschieden werden.

Am stärksten *trocknend* wirkt scharfe Nahrung, aber auch bittere und herbe Lebensmittel üben eine trocknende Wirkung auf den Menschen aus. Diese drei sind demnach für den zu Trockenheit neigenden Luft-Typ nicht geeignet, passen für den flüssigkeitansammelnden Wasser-Typ dagegen sehr gut.

Befeuchtend wirken süße, saure und salzige Speisen. Darum sind gerade sie für den Luft-Typ besonders zu empfehlen; für das Wasser-Naturell dagegen nicht, da sie dessen (sowieso ausgeprägtes) Wasser-Element noch verstärken würden.

Grundlagen einer gesunden Ernährung

Trotz der unterschiedlichen Wirkungsweisen der verschiedenen Nahrungsmittel und der damit verbundenen Zuordnung zu den einzelnen Temperamenten können folgende Ernährungsempfehlungen gegeben werden, die für alle vier Temperamente von grundlegender Bedeutung sind:

Haushaltszucker

Der weiße Haushaltszucker sowie alle ähnlichen Zuckerarten, wie beispielsweise brauner Zucker, Traubenzucker oder Fruchtzucker, haben auf einem Speiseplan, der Wert auf Naturbelassenheit legt, nur wenig zu suchen. Diese Zuckerarten sind rein chemische Substanzen, bei deren Isolierung aus dem natürlichen Ausgangsprodukt so gut wie alle vitalen Inhaltsstoffe entfernt werden, also die für die menschliche Gesundheit wichtigen Vitamine, Mineralstoffe und Ballaststoffe.

Das Verlangen nach süßer Nahrung überkommt den Menschen nach dem Verzehr von haushaltszuckerhaltigen Nahrungsmitteln viel schneller als bei vollwertigen Lebensmitteln. Das hängt damit zusammen, daß nach dem Verzehr von isoliertem Zucker der Blutzuckerspiegel rapide ansteigt. Durch diesen »Zuckerschock« wird mehr Insulin ausgeschüttet, als notwendig ist, so daß in der Folge der Blutzuckerspiegel unter den Normalwert abfällt. Das Gehirn des Menschen meldet daraufhin ein Hungergefühl. Oft greift man dann unbewußt nach Süßem, um den Blutzuckerspiegel schnell wieder auf den Normalwert zu bringen.

Wer hat nicht schon die Erfahrung gemacht, daß süße Leckereien (Schwarzwälder Kirschtorte, Tiramisu etc.) den Appetit noch mehr anregen, auch wenn man schon längst satt ist?

Im Vergleich dazu beinhaltet z. B. ein Apfel neben dem natürlichen Zucker einen hohen Gehalt an Begleitstoffen. Der Ballaststoffgehalt des Obstes garantiert einen langsameren Anstieg des Blutzuckerspiegels.

Gerade für den *heiß*hungrigen Feuer-Typ und das genußbetonte Wasser-Temperament ist es gut zu wissen, daß der Verzehr von Produkten mit einem hohen Gehalt an isoliertem Zucker und wenig Ballaststoffen den Appetit stark anregt. Unser Geist erfährt zwar durch den Genuß von Schokolade und Gummibärchen eine gewisse, kurze Ruhepause, und verbrauchte Energie wird schnell zurückgebracht; der menschliche Organismus wird jedoch bei einem ausgiebigen Verzehr von Süßigkeiten äußerst strapaziert und kann bei einem regelmäßigen Konsum von zuckerhaltigen Speisen über einen längeren Zeitraum hinweg in seiner Kraft geschwächt werden. Damit ist die Gefahr gegeben, anfälliger für Krankheiten zu sein, die einem gesunden Organismus und einer gestärkten Abwehrkraft normalerweise nichts ausgemacht hätten, wie z. B. Erkältungen oder Allergien.

Süße Alternativen

Gleich vorweg gesagt: Es gibt keine *gesunden* Alternativen zum weißen Zucker! Die folgenden Süßungsmittel sind ebenso als Konzentrate anzusehen wie der isolierte Zucker, allerdings besitzen sie mehr Mineralstoffe, Vitamine und teils auch Enzyme als der Haushaltszucker.

Als Ersatz für den weißen Zucker bietet sich Vollrohrzucker an, bei dem das Zuckerrohr gepreßt und der daraus gewonnene Saft getrocknet wird. Dieser beinhaltet z. B. die fünf- bis zehnfache Menge Kalzium und zehnmal soviel Eisen wie der weiße Zucker. Zu erwähnen ist auch der seit alters her beliebte Honig; beim Einkauf von Honig sollte darauf geachtet werden, daß dieser hochwertig, sprich kaltgeschleudert und schonend abgefüllt worden ist. Dies ist besonders für die Menschen wichtig, die den Honig als Heilmittel zu sich nehmen. Wer Honig nur zum Kuchenbacken benutzt, kann natürlich auch den günstigeren, vor der Abfüllung erhitzten Honig benutzen. Die Vitamine und Enzyme, die durch das Erhitzen zerstört werden, gehen genauso auch beim Backen verloren.

Weitere Süßungs-Alternativen sind Ahornsirup, Apfel- und Birnendicksaft, Zuckerrübensirup, Trockenfrüchte und püriertes Obst: Eine zerdrückte Banane läßt sich besonders gut zum Süßen verwenden. Der momentan durch den Einzug der »Light-Produkte« wieder populär gewordene Süßstoff enthält zwar keine Kalorien, ist aber ernährungsphysiologisch ungünstig. Da er auf rein chemischem Wege hergestellt wird (teils aus Erdöl!), hat er nichts in einer gesunden, naturbelassenen Ernährungsweise zu suchen.

Das wichtigste beim Süßen ist: So wenig wie möglich – egal, welches Süßmittel Sie benutzen!

Auszugsmehlprodukte

Neben isoliertem Zucker ist es ratsam, auch auf Auszugsmehl (Weißmehl) und daraus hergestellte Produkte zu verzichten. Für Auszugsmehle werden weder Randschichten noch der Keimling des Getreides verwendet. Dies hat zwar zum Vorteil, daß das Mehl dadurch besser und länger lagerfähig ist, doch durch die Entfernung dieser Bestandteile werden Mineralstoffe, essentielle (lebenswichtige) Fettsäuren, Vitamine (allen voran Vitamin B_1, das wichtig für unsere Leistungsfähigkeit ist) und nicht zuletzt die Ballaststoffe größtenteils entzogen.

Was sind Ballaststoffe?

Ballaststoffe sind unverdauliche Bestandteile der pflanzlichen Nahrung.

Sie wirken anregend auf die Darmtätigkeit und können damit sehr hilfreich sein, eine chronische Verstopfung zu beheben. Ballaststoffe haben außerdem einen hohen Sättigungswert, da sie aufquellen, den Speisebrei dadurch vermehren und den Magen besser füllen.

Dies zu wissen ist sehr wichtig für übergewichtige Menschen. Es bedeutet, daß beispielsweise eine (ballaststoffreiche) Scheibe Vollkornbrot einen höheren Sättigungswert hat als eine (ballaststoffarme) Scheibe Weißbrot.

Verfolgen wir diesen Gedanken weiter, so sehen wir, daß man zum Stillen des Hungers weniger Vollkornbrot als Weißbrot und dementsprechend weniger Streichfett und Brotbelag benötigt.

Kurzum, Sie sparen dabei einiges an Geld und Kalorien ein!

Ein weiterer Vorteil von Ballaststoffen ist, daß sie Giftstoffe, die sich im Darm angesammelt haben, binden und zur Ausscheidung bringen. Dem Erd-Typ, der prädestiniert dazu ist, Schlacken und Giftstoffe im Körper (besonders im Darm) anzusammeln, ist daher zu raten, reichlich ballaststoffreiche Nahrung zu sich zu nehmen.

Zusammenfassend kann gesagt werden, daß Getreide, bei dem das ganze Korn verarbeitet wird, und daraus hergestellte Vollkornprodukte (Vollkornbrot, -nudeln, -kuchen, aber auch der braune, ungeschälte Reis) wichtige Mineralstoffe, Vitamine und Ballaststoffe enthalten. Diese bieten eine gute Grundlage für eine ausgewogene, naturbelassene Ernährung.

Vorsicht bei »Pseudo«-Vollkornprodukten!

Fragen Sie in Bäckereien und Supermärkten nach, ob die angebotenen Vollkornprodukte auch wirklich vollwertig sind. Beim Brot heißt das beispielsweise, daß das Mehl, bevor es verarbeitet wird, frisch gemahlen wird und das verwendete Getreide noch Randschicht und Keimling, aber keine künstlichen Zusatzstoffe enthielt sowie möglichst aus biologischem Anbau stammte.

Viele Ratsuchende denken, daß sie durch den Kauf von Vierkornbrot ein Vollkornerzeugnis erstanden haben. Weit gefehlt! Dieses Brot beinhaltet lediglich vier verschiedene Getreidearten. Ob das Mehl aus dem vollen Korn hergestellt wurde, ist eine andere Frage.

Überhaupt empfiehlt es sich, auf Nahrungsmittel mit künstlichen Zusatzstoffen – wie zum Beispiel naturidentische Aromastoffe, Emulgatoren, synthetische Farbstoffe und Konservierungsstoffe – zu verzichten. Diese haben auf einem Speiseplan, der Wert auf Naturbelassenheit legt, nichts zu suchen.

Wozu in die Ferne schweifen?

Aus ökologischen und gesundheitlichen Gründen ist es empfehlenswert, unsere Nahrung aus biologischem Anbau, jahreszeitgemäß und aus der jeweiligen Region zu beziehen. Doch hier fängt das Problem schon an. Wer von uns kann, besonders im Winter, schon ganz auf die ausländischen Produkte wie Bananen, Kiwis, Orangen, Clementinen, ganz zu schweigen von Tomaten und Paprika verzichten? Wenn wir uns konsequent nur mit Nahrung aus der unmittelbaren Umgebung ernähren würden, so blieben in der kälteren Jahreszeit nur Wurzelgewächse wie Sellerie, Möhren, Rettich, Lauch, Zwiebeln und Endiviensalat übrig. Der Vorrat an Lageräpfeln lichtet sich spätestens im Frühjahr. Ich kenne deshalb nur sehr wenige Menschen, die es wirklich schaffen, im Winter ganz auf ausländisches Obst und Gemüse zu verzichten, und denke, daß auch hier ein gesundes Mittelmaß angebracht ist. Wir müssen in der kälteren Jahreszeit ja nicht gerade Erdbeeren, Weintrauben oder Kirschen zu uns nehmen. Um so größer ist dann die Freude, wenn die Zeit dafür in unserer Region wieder gekommen ist. Aber es schadet bestimmt nicht, ab und zu zur Ergänzung Bananen, Äpfel, Tomaten oder Paprika aus der Ferne auf den Speiseplan zu setzen.

Fragen Sie doch einmal Ihre Großmutter!

Eine gute Möglichkeit über die kargen Jahreszeiten hinwegzukommen, stellt das Einmachen dar. Dabei können Gemüse milch- oder essigsauer eingelegt, Tomaten püriert als Chutney eingekocht, aus Obst Marmelade und Saft hergestellt, aus pürierten Äpfeln Mus eingemacht werden und vieles mehr. Fragen Sie einmal Ihre Großmutter. Sie wird Ihnen sicherlich zeigen können, wie man einmacht.

Eine willkommene Ergänzung für den frischkostarmen Winter bieten auch selbstgezüchtete Sprossen und Keimlinge (Linsen, Kichererbsen, Mungobohnen, Alfalfa usw.), die erstens sehr gut schmecken, zweitens aber auch reich an Vitaminen und Mineralstoffen sind. Natürlich können

Sie auch sämtliche Getreidearten keimen lassen (soweit diese noch nicht verarbeitet worden sind und dadurch ihre Keimfähigkeit verloren haben.)

Das Keimen

Weichen Sie über Nacht die Getreidekörner (Hülsenfrüchte, Samen etc.) in einem Weckglas in Wasser ein (es eignen sich dafür natürlich auch Keimboxen sehr gut). Am nächsten Tag gießen Sie den gesamten Inhalt in ein großes Sieb. Brausen Sie die Keimlinge nochmals mit Wasser ab und geben Sie die Körner dann zurück ins Glas. Abends schütten Sie die Sprossen wieder ins Sieb, spülen sie mit Wasser ab und lassen sie dann über Nacht im Glas stehen. Dieser Vorgang wird morgens und abends so lange wiederholt, bis sich ein Sproß gebildet hat, der ungefähr so groß wie das Korn selbst ist (die Ausnahme bilden Alfalfa und Kresse; diese bitte nur einige Zentimeter keimen lassen). Vor dem Verzehr werden die Keimlinge noch einmal abgespült und frisch serviert.

Hülsenfrüchte sollten aufgrund ihres natürlichen Giftstoffgehalts nicht roh verzehrt werden. Blanchieren genügt, um diese Giftstoffe zu zerstören. Nun werden Sie wohl fragen, was sich mit diesen Keimlingen alles anfangen läßt. Eine ganze Menge: Sprossen eignen sich gut als Ergänzung zu Salaten, oder Sie streuen sie kurz vor dem Servieren über einen Auflauf oder eine Suppe – Radieschenkeimlinge schmecken übrigens sehr gut auf einem Butterbrot. Eine Delikatesse sind in der Pfanne geröstete und mit Sojasauce gewürzte Kichererbsensprossen. Gekeimter Weizen oder Roggen reichert ein Müsli ideal an. Keimlinge sind wahre Vitaminbomben! Vor allem B-Vitamine und Vitamin C werden durch den Keimprozeß, im Vergleich zu ungekeimtem Samen, vervielfacht.

Aber Vorsicht! »Normales« Saatgut ist oft mit Quecksilber gebeizt, daher bitte nur eigens für das Keimen vorgesehene Samen verwenden.

Speiseöle

Kaltgepreßte Öle sind gegenüber den sogenannten Haushaltsölen aufgrund der schonenderen Verarbeitung als wertvoller einzustufen.

Die Herstellung von kaltgepreßten Ölen

Bei der Gewinnung von kaltgepreßten Ölen werden die Ölfrüchte ohne größere Hitzeeinwirkung (nur ca. 40° C) gepreßt und gefiltert. Es bleiben damit so gut wie alle Inhaltsstoffe der ausgereiften Ölsaat, wie z. B. Vitamin E, Linolsäure, Duft-, Aroma- und Geschmacksstoffe, erhalten. Die Linolsäure gehört übrigens zu den essentiellen Fettsäuren, die der Mensch nicht selbst produzieren kann und über die Nahrung aufnehmen muß.

Die Herstellung von Haushaltsölen

Bei den raffinierten Ölen dagegen werden die Ölsaaten mit Temperaturen von über 80° C unter hohem Druck gepreßt – die Preßrückstände enthalten nur noch ca. fünf bis sechs Prozent Öl. Das Restöl wird mit einem Lösungsmittel wie z. B. Hexan extrahiert. Die durch Heißpressung und Extraktion gewonnenen Öle werden anschließend raffiniert, da das gewonnene Rohöl noch unerwünschte Begleitstoffe – wie Wachse, Farbstoffe und Lösungsrückstände – enthält.

Beim Raffinationsprozeß werden mittels einer Säurelösung oder Phosphaten Schleimstoffe aus dem Rohöl entfernt; ferner gliedert man freie Fettsäuren durch Verseifen mit einer Laugenlösung aus. Durch Trocknung im Vakuum und durch Zugabe von Bleicherde oder Bleichkohle werden dann alle Wasserteile entfernt sowie der Farbton aufgehellt. Nach diesem Trocknungs- und Bleichungsprozeß entfernt man die Geschmacks- und Geruchsstoffe. Durch diese Raffination werden die Öle leider weitgehend von physiologisch wertvollen, natürlichen Fettbegleitstoffen befreit, und es gehen auch viele in der Ölfrucht vorkommende Farb-, Aroma- und Geruchsstoffe verloren.

Nun können Sie selbst entscheiden, ob Sie bei der Zubereitung von Salaten die vitaleren, kaltgepreßten Öle der ersten Pressung oder die stark verarbeiteten, raffinierten Öle verwenden.

Übrigens sind die kaltgepreßten Öle *nicht* zum Braten geeignet. Zum einen werden durch die hohe Hitzeeinwirkung viele empfindliche Vitamine zerstört, zum anderen verlieren die ungesättigten Fettsäuren bei der Erhitzung ihre ursprüngliche Form. Damit büßen sie auch ihre positiven Eigenschaften, wie z. B. die Fähigkeit, den Cholesterinspiegel zu senken, ein.

Zum Braten eignet sich sehr gut Kokosfett, das mehr gesättigte als ungesättigte Fettsäuren enthält. Es sollte besondes darauf geachtet werden, daß das Kokosfett nicht »gehärtet« wurde!

Der Härtungsprozeß

Beim chemischen Vorgang der Fetthärtung werden flüssige oder weiche Fette in streichfähige oder feste Fette umgewandelt. Hier wird mit hohen Temperaturen von ca. 220° C und hohem Druck gearbeitet sowie mit Hilfe eines Katalysators (Nickel) Wasserstoff an das Öl angelagert. Durch diese Verarbeitungsvorgänge gehen zum Teil fettlösliche Vitamine und essentielle Fettsäuren verloren.

Außer zum Braten kann ungehärtetes Kokosfett auch gut zum Grillen, Fritieren und für Fondues benutzt werden. Erhältlich ist es in jedem Naturkost-Fachgeschäft.

Welches Streichfett ist zu empfehlen?

Hier gilt, wie auch bei allen anderen Empfehlungen: So natürlich wie möglich! Aufgrund ihres hohen Verarbeitungsgrades ist es ratsam, mit den sogenannten Haushaltsmargarinen sparsam umzugehen. Durch die Verarbeitungsvorgänge bei der Herstellung kommt es zu einer Verminderung von wichtigen Vitaminen oder essentiellen Fettsäuren. Teilweise werden Margarinen auch künstlich Vitamine zugesetzt, die vorher bei der Verarbeitung verlorengingen. Diese synthetischen Vitamine passen nicht zu einer natürlich orientierten Ernährungsweise.

Zu empfehlen sind dagegen Pflanzenfette, die nicht raffiniert, ungehärtet und reich an ungesättigten Fettsäuren sind. Sie sind in allen Reformhäusern oder Naturkostläden erhältlich. Als Streichfett ist auch die altbewährte Butter zu verwenden, da diese im Vergleich zu den Haushaltsmargarinen weitgehend unverarbeitet und natürlich ist. Butter eignet sich außerdem auch sehr gut zum Backen, da sie nur einen geringen Anteil an ungesättigten Fettsäuren hat.

Grundlagen einer gesunden, naturbelassenen Ernährungsweise

Empfehlenswerte Lebensmittel

- Unveränderte, natürliche Nahrung (Keimlinge und Sprossen, frisches Obst und Gemüse, Nüsse)
- Vollkornprodukte (Vollkornbrot, -nudeln, -kuchen)
- Ungeschälter Reis
- Zum Süßen: Trockenobst (Rosinen, getrocknete Äpfel, Birnen etc.), Vollrohrzucker, Honig, Apfel- und Birnendicksaft, Rübensirup.

Wichtig: Es gibt keine gesunden Süßmittel. Süßen Sie so wenig wie möglich!

- Kaltgepreßte Öle (erste Pressung) (Oliven-, Sonnenblumen-, Lein-, Sesamöl etc.)
- Butter oder Naturkost-Reformhausmargarine
- Zum Braten, Fritieren und zum Fondue: ungehärtetes Kokosfett
- Nahrung aus biologischem Anbau, jahreszeitgemäß und aus der heimatlichen Region
- Naturbelassene Milchprodukte (ohne künstliche Zusatzstoffe). Auf Deklarationsangaben achten!

Nicht empfehlenswerte Nahrungsmittel

- Auszugsmehle oder daraus hergestellte Produkte (Weißbrot, helle Nudeln, Weißmehlplätzchen und -kuchen)
- Haushaltszucker und Produkte, die diesen beinhalten – Vorsicht vor dem versteckten Zucker in Nougat-Cremes, Fertig-Müslis, Marmelade, Limo, Speiseeis, Joghurt, Kakaopulver etc.!
- Fabrikfette (Haushaltsöle, Margarine)
- Nahrungsmittel mit künstlichen Zusatzstoffen (Konservierungs- und Aromastoffe, Emulgatoren, naturidentische Stoffe)

Kein Dogmatismus in der Ernährung!

Was ist, wenn Sie von Freunden eingeladen werden und dort die leckersten und schönsten Delikatessen aufgetischt bekommen, z. B. Torten aus Weißmehl mit viel Schlagsahne und Zucker? Welcher Gourmet könnte da schon nein sagen! Genießen Sie die Köstlichkeiten ruhig, aber in Maßen! Es müssen ja nicht gleich fünf Stück Torte und entsprechend viel Kaffee sein. Lassen Sie die Leckereien, ohne ein schlechtes Gewissen zu bekommen, langsam auf der Zunge zergehen. Ein schlechtes Gewissen ist der Wegbereiter für Frust und Mißmut und begünstigt eine Übersäuerung von Körper, Geist und Seele. Auch saure Gedanken, nicht nur säurebildende Lebensmittel übersäuern!

Haben Sie aber auch den Mut, nein zu sagen, wenn bei Ihnen ein Sättigungsgefühl auftritt. Das beugt einer Zunahme des Körpergewichts vor und stärkt zusätzlich das Selbstbewußtsein.

Ein kurzer Abstecher in die verführerische Welt der »ungesunden« Köstlichkeiten ist nicht so verwerflich, wie es so mancher Ernährungsweise propagiert. Es ist natürlich ein Unterschied, ob Sie sich tagtäglich mit Süßigkeiten, Fleisch, Wurst und Dosennahrung vollstopfen, oder ob Sie sich einmal in der Woche ein Schweineschnitzel genehmigen.

Wer keine Gelüste kennt, dem bereitet es auch kein Problem, sich konsequent und gesund zu ernähren. Wer jedoch ständig seine Sehnsucht nach Süßigkeiten unterdrückt, wird irgendwann unzufrieden und mißmutig. Auch dies ist nicht förderlich für die Gesundheit.

Die Kunst des langsamen Essens

Wer hat in unserer schnellebigen Welt noch die Muße, seine Mahlzeiten in Ruhe einzunehmen? Geht es Ihnen auch so, daß Sie beim Essen mit Ihren Gedanken eigentlich ganz woanders sind? Vielleicht schon beim nächsten Termin, bei den Nachrichten im Radio oder bei den neuesten Schlagzeilen aus der Zeitung. Meist wird das Essen eilig heruntergeschlungen, weil man sonst zu spät zur Arbeit kommt oder ein anderer wichtiger Termin wartet.

Wie wir mittlerweile wissen, sind besonders Menschen mit einem ausgeprägten Luft-Potential anfällig dafür, ihre Mahlzeiten gehetzt und abgelenkt zu verzehren. Aber nicht nur das Luft-Temperament, sondern eine breite Schicht in unserer Gesellschafft ist davon betroffen. Das eilige Herunterschlingen der Nahrung ist eine Eigenart, die symptomatisch für unseren Zeitgeist ist. Wie gut ist es doch, daß der menschliche Körper Alarm- und Bremssignale sendet, beispielsweise in Form von Magenbeschwerden, Sodbrennen oder Übergewicht. Diese gesundheitlichen Störungen ermahnen den Menschen, seine Lebenshaltung zu überdenken. Ist es nicht ratsamer, sich rechtzeitig die Muße zu nehmen, nicht abgelenkt, langsam und in Ruhe zu essen, bevor es zu den genannten Störungen kommt?

Die Vorverdauung beginnt schon im Mund!

Unbewußt und hektisch ablaufende Einnahmen von Mahlzeiten haben oft zur Folge, daß die Nahrung nicht mehr richtig gekaut, sondern nur noch heruntergeschlungen wird. Dabei ist es wichtig zu wissen, daß die Vorverdauung schon im Mund stattfindet. Je weniger wir unsere Nahrung kauen, desto mehr haben Magen und Darm zu leisten, um die Nahrungsbrocken abzubauen. Kein Wunder, daß es gerade bei den Verdauungsorganen oft zu Störungen kommt. Das gründliche Kauen der Nahrung bildet die Grundlage einer gesunden Ernährungsweise! Übrigens benötigt das Sättigungssignal 15 bis 20 Minuten, ehe es vom Magen zum Gehirn gelangt. Erst nach dieser Zeit wird Ihnen bewußt, daß Sie satt sind. Wenn Sie also sehr schnell essen, können Sie in dieser Zeit sehr viel Nahrung zu sich nehmen, ohne ein Sättigungsgefühl wahrzunehmen, obwohl der Hunger schon längst gestillt ist.

Essen als Meditation

Genießen Sie Ihre Mahlzeiten ganz bewußt! Stellen Sie zur Belebung der Atmosphäre einen Strauß Blumen oder eine Kerze auf den Eßtisch. Seien Sie mit Ihren Gedanken nicht irgendwo anders. Es ist eine hohe Kunst, mit seinen Sinnen ganz bei der Sache zu sein, mit der man sich gerade beschäftigt. Versuchen Sie einmal beim Abspülen mit ihren Gedanken ganz beim Abwaschen zu sein; wenn Sie sich mit jemandem unterhalten, konzentrieren Sie sich ganz auf Ihr Gegenüber und seien Sie nicht schon in Gedanken bei dem, was *Sie* gleich erzählen wollen. Nehmen Sie ihre Mitmenschen und Ihre Umwelt bewußt wahr. Wenn wir nur wollen, kann jede noch so kleinste Tat zur Meditation werden und zur Reifung unserer Seele beitragen.

Gerade das tägliche Essen bietet uns eine sehr gute Möglichkeit dazu und kann uns helfen, zu unserer Mitte und zum Kern unserer Persönlichkeit zu finden. Probieren Sie es doch selbst einmal aus und nehmen Sie im Kreis Ihrer Familie oder Freunde schweigend das Essen ein. Sie werden sich wundern, wie bewußt Sie die Speisen in ihrer Vielfalt und Pracht erleben. Dadurch werden Sie auch besser verstehen, welche Geschmacksrichtungen in der Nahrung enthalten sind und welche Wirkung diese auf Sie ausüben.

Eine gute Zeit zur »Nahrungs-Meditation« bietet der frühe Morgen, der noch von jungfräulicher, stiller Anmut ist, oder der frühe Abend, der die Ruhezeit des Tages einleitet.

Doch halt! Wie so oft ist auch hier die goldene Mitte gefragt. Wenn Ihre Kinder von der Schule kommen und darauf brennen, Ihnen von den neuesten Erlebnissen zu erzählen, Sie sie aber abbremsen und ermahnen zu schweigen, so schießen Sie dabei über das Ziel hinaus. Die Förderung sozialer Kommunikation ist mindestens genauso wichtig wie das bewußte Wahrnehmen der Mahlzeiten.

Der Vorteil eines bewußten Eßverhaltens ist, daß Sie die verschiedenen geschmacklichen Nuancen einer Speise, aber auch sich selbst und dementsprechend die Sättigungssignale Ihres Körpers bewußter wahrnehmen. Man stelle sich vor, daß während des Frühstücks das Fernsehen oder das Radio läuft und obendrein noch die Tageszeitung studiert wird. Der Stoffwechsel kann dann noch so viele Sättigungssignale senden – die dominanteren »Sendestationen« machen einen erfolgreichen Empfang einfach unmöglich!

Der Innere Führer

Sind Sie nun schlauer als vor dem Studium dieses Buches, oder gibt es Fragen, die unbeantwortet geblieben sind, etwa: »Darf ich denn nun weiter süße Nahrung essen, obwohl ich ein Wasser-Typ bin? Ist es mir noch erlaubt, meinen geliebten Schweinebraten zu essen?«

Nun, eine eindeutige Antwort auf die Frage nach der für Sie geeigneten Ernährung kann ich Ihnen pauschal nicht geben. Die Eigenverantwortung für Ihr Leben und die Antwort auf die Frage, was gut oder schlecht für Sie ist, liegt allein bei *Ihnen!*

Die temperamentbezogene Ernährung bietet eine Möglichkeit, bewußter wahrzunehmen: *»Wer bin ich, und wie wirkt sich das, was ich esse, auf meine Gesundheit und seelische Entwicklung aus?«*

Die beschriebenen Empfehlungen basieren auf Erfahrungswerten, die über einen sehr langen Zeitraum hinweg gesammelt worden sind (so z. B. die Wirkungsbeschreibungen der Geschmacksrichtungen nach Ayurveda). Ob diese Beschreibungen allerdings auch auf *Sie* zutreffen, kann Ihnen niemand garantieren, das müssen Sie für sich selbst erfahren. Denn jeder Mensch ist ein Individuum. Was bei hundert anderen Menschen festgestellt worden ist, muß bei Ihnen noch lange nicht der Fall sein.

Deshalb haben *Sie ganz allein* für sich zu entscheiden, was gut oder weniger gut für Ihre Gesundheit und Entwicklung ist. Die in diesem Buch beschriebene konstitutionsbezogene Ernährungsweise ist ein »Wegbegleiter« zur optimalsten von allen Ernährungsformen, der *Ernährung nach Intuition.* Für das Praktizieren dieser »Ernährungsform« ist es grundlegend, Kontakt zu seiner »Inneren Stimme« herzustellen. Diese gibt Auskunft darüber, welche Art von Nahrung zu welchem Zeitpunkt und zu welchem Anlaß passend ist.

Wie komme ich in Kontakt zu meiner Inneren Stimme?

Der Kontakt mit der eigenen Intuition kann geübt werden. Halten Sie öfters am Tag inne, atmen Sie zwei- oder dreimal tief durch und schauen Sie sich einmal an, womit Sie gerade beschäftigt sind.

Stellen Sie sich dann die Frage, ob dies der Platz ist, an den Sie wirklich gehören, und ob das, was Sie jetzt gerade tun, auch das ist, was Sie wirklich tun wollen. So lernen Sie, auf Ihre Innere Stimme zu hören. Fangen Sie doch am besten gleich damit an und stellen sich diese Fragen. Wiederholen Sie sie in den nächsten Tagen und Wochen noch einige Male. Wenn Sie sich jedesmal zur Antwort geben, daß die besagte Tätigkeit, z. B. Ihr Beruf, Sie nicht genügend erfüllt, so denken Sie einmal darüber nach, ob Sie Ihrem Potential gemäß auf dem *richtigen* Platz arbeiten. Das heißt natürlich nicht, von nun an den Abwasch und den Hausputz ganz Ihren Mitbewohnern zu überlassen!

Genauso wie Ihnen Ihr Innerer Führer Auskunft über einen Ihrem Potential gemäßen Arbeitsplatz gibt, wird er Ihnen auch sagen, ob das, was Sie jetzt gerade essen, Ihnen guttut oder nicht. Wenn Sie neben dem Essen Zeitung lesen oder beim Fernsehen Chips und Salzstangen konsumieren, kapseln Sie sich von Ihrer Inneren Stimme ab. Diese nehmen Sie nur bewußt wahr, wenn Sie von nichts anderem abgelenkt werden und in Ruhe und Harmonie mit sich selbst sind. Deswegen auch die Empfehlung, während des Essens nicht Zeitung zu lesen oder Radio zu hören.

Ein Leben und damit auch eine Ernährung nach Intuition grenzt nichts aus! Wenn Sie sich in der kälteren Jahreszeit unwohl und kalt fühlen und zu Erkältungen neigen, so wird Ihnen Ihre Intuition sicher deutlich machen, daß Sie wärmende Nahrung zum Wohlbefinden benötigen.

Ihre Innere Stimme kann sogar einem Stück mit Zucker gesüßter Weißmehltorte zustimmen. Sie wird Ihnen allerdings gleich dazu sagen, wozu in diesem Augenblick die Torte gut ist. Ob sie zur Beruhigung der Nerven (und damit zum Streßabbau) benötigt wird, ob sie als Ausgleich für ein unbefriedigtes Liebesbedürfnis dient, ob sie helfen soll, Frust abzubauen, oder ob momentan einfach *Genießen* bei Kaffee und Kuchen angesagt ist.

Wenn diese Torte, wie es oft der Fall ist, nur dem Streß- und Frustabbau dient, so wird Ihnen die Innere Stimme mit bestimmten Zeichen erklären, daß es besser für Sie ist, an den Ursachen Ihres Frusts und Ihrer Probleme zu arbeiten und diese zu lösen. Sind die Ursachen geklärt, so fällt auch meistens das Verlangen nach Süßem weg.

Eine gute Möglichkeit, mit dem Inneren Führer in Kontakt zu treten, bietet die Meditation oder einfach das Insichgehen. Religiös orientierten Menschen ist das Gespräch mit Gott hilfreich, zu ihrem »Inneren« zu finden. Der Besuch von energiereichen Plätzen (z. B. ein Tempel, eine Kirche, ein abseits gelegener Flußlauf, ein alter, ehrwürdiger Baum oder Ihr Zimmer zu Hause) kann Ihnen bei der Suche nach sich selbst helfen. Im Grunde kann jeder Platz auf Erden, jede Situation, in der Sie sich gerade befinden, Ihr Tempel sein und Ihnen helfen, von Ihrer Inneren Stimme zu lernen.

Das Potential, das in Ihnen steckt, ist einmalig auf der Welt. All die Weisheiten, die in Abertausenden von Büchern zusammengetragen wurden, sind in Ihrem Inneren präsent. Sie müssen nur anfangen, diesen Schatz bei sich selbst zu suchen; eines Tages wird sich die Tür zu Ihrer Inneren Stimme öffnen und Ihnen die Geheimnisse des Lebens nach und nach offenbaren.

Welche Signale sendet die Innere Stimme?

Es kann sein, daß, wenn Sie nicht lernen, mit Ihrem beruflichen oder privaten Streß umzugehen, sich Ihre Innere Stimme in Form von körperlichen Symptomen meldet, z. B. über einen gereizten Magen. Diese Reizung meldet an, daß irgend etwas in Ihrem Leben ins Ungleichgewicht geraten ist. Wenn Sie darüber hinaus täglich zum Streßabbau Schokolade und sonstige Süßigkeiten essen und dabei nicht auf Ihre Innere Stimme hören, so meldet sich diese schon etwas deutlicher, und es kann zu Sodbrennen oder Gewichtszunahme kommen. Fangen Sie dann immer noch nicht an, Ihrer Intuition zu lauschen, so wird diese immer heftiger in Form von körperlichen oder seelischen Störungen »anklopfen« und Sie daran erinnern, daß Sie an der Ursache für Ihren Streß arbeiten müssen und ein großzügiger Verzehr von Süßem Ihre Probleme nicht löst, sondern nur neue schafft. Da ein Zuviel an Weißmehlprodukten und Zucker übersäuernd auf den Körper wirkt, kann es sein, daß dadurch sowie durch chronische Gereiztheit ein Magengeschwür entsteht. Spätestens dann werden Sie (hoffentlich!) erkennen, daß Sie primär Ihren Streß abbauen müssen, und daß der Verzehr großer Mengen von Süßigkeiten zwar kurzfristig eine gewisse Zufriedenheit vermittelt, auf längere Sicht gesehen aber die Ursache Ihrer Gereiztheit nicht hebt und Störungen wie Sodbrennen und eine gereizte Magenschleimhaut sogar begünstigt. Hätten Sie von Anfang an aufmerksam in sich hineingehört, so wäre Ihnen das Magengeschwür erspart geblieben!

Genuß ist keine »Sünde«

Sicherlich hat eine gezuckerte Weißmehltorte nicht viel mit einer gesunden Ernährungsweise zu tun, doch wir sollten nicht vergessen, daß Essen nicht nur dazu dient, uns genügend mit Nährstoffen zu versorgen, sondern auch etwas mit Genußbefriedigung zu tun hat.

Also genießen Sie ruhigen Gewissens!

Jeder Mensch befindet sich in einer ihm eigenen, individuellen Entwicklung. Wenn Sie ab und an gern etwas »Ungesundes« essen, so hat dies im Rahmen Ihres jetzigen Entwicklungsstandes mit Sicherheit seine Berechtigung. Eine Änderung unserer Lebensgewohnheiten kann nur Schritt für Schritt vonstatten gehen.

Ich kenne Menschen, die liebend gern und in großen Mengen Fleisch und Wurst gegessen hatten, bis sie einmal einen Bericht über Massentierhaltung mitverfolgten oder sich direkt eine »Schweinefabrik« ansahen. Aus ihnen sind (aus tiefster innerer Überzeugung) Vegetarier geworden – oder sie essen zumindest nur noch Fleisch aus artgerechter Tierhaltung. Hätten diese Menschen schon Jahre zuvor (vielleicht in der Kindheit, auf Anweisung ihrer Eltern oder aufgrund einer »Vegetarier-Modewelle«) auf

Fleisch verzichtet, so wäre dies nicht im Einklang mit einer inneren Erkenntnis geschehen, sondern von außen aufgedrängt worden. Solche aufgesetzten Meinungen werden bekanntlich nicht lange beherzigt und versanden schließlich irgendwann.

Bedenklich wird es, wenn man tatsächlich Lust auf ein saftiges Stück Schnitzel bekommt, sich aber als konsequenter Vegetarier den Genuß verbietet. Ein ständiges Unterdrücken der Gelüste trägt nicht zu einer gesunden und zufriedenen Lebensweise bei!

Überspringen Sie keine Entwicklungsstufe!

Es ist wahrlich nicht begrüßenswert, eine Erfahrungsstufe in seinem Leben zu überspringen und sich auf höhere Ebenen, die noch gar nicht für einen geeignet sind, zu hieven. Es ist anstrengend, seinen Mitmenschen (und vielleicht auch sich selbst) vorzugaukeln, wie weit man in seiner Entwicklung schon vorangeschritten ist; daß man sich von den weltlichen Genüssen längst losgesagt hat, auf sämtliche Konsumgüter verzichtet und auf diejenigen zeigt, die sich noch »hinterwäldlerisch« von Gekochtem und Gebratenem ernähren, wo doch bekanntlich die idealste Ernährungsform für die Menschheit der »ausschließliche Verzehr von Spinat aus dem eigenen Garten« ist. Womöglich essen gerade Vertreter dieser Überzeugung heimlich im stillen Kämmerlein ein saftiges Steak, damit ihr guter Ruf nicht leidet.

Also, seien Sie ehrlich zu sich selbst und gestehen Sie sich, wenn Ihnen danach zumute ist, eine »schädliche« Schokolade, ein »ungesundes« Eis oder gar ein »verschlackendes« Schnitzel zu!

Allgemeine Empfehlungen für die vier Temperamente

Eine gesunde und harmonische Lebensweise wird von verschiedenen Faktoren bestimmt, von denen eine natürliche, konstitutionsbezogene Ernährungsweise nur eine von vielen ist. Die folgenden Empfehlungen sind Anregungen für die einzelnen Temperamente, einer Störung ihrer Konstitution vorzubeugen.

Allgemeine Empfehlungen für das Feuer-Temperament

Wie bereits erwähnt, verträgt der Feuer-Typ starke Hitze und Sonneneinwirkung nur schlecht. Deswegen ist es ratsam für ihn, sich von der prallen Sonne im Hochsommer zu hüten und auf ausgiebiges Sonnenbaden sowie auf extreme körperliche Betätigungen in der warmen Jahreszeit – und dann besonders während der Mittagszeit, in der das Feuer-Element dominiert – zu verzichten. Auch der Urlaub in sonnigen Ländern, wo es oft heiß und schwül ist, sind nur bedingt für dieses Temperament zu empfehlen. Dagegen bieten sich Plätze, auf denen ein erfrischendes Lüftchen weht, wie z. B. Küstengebiete oder Höhenlagen, besonders an. Sehr empfehlenswert sind auch Trekking-Touren im Gebirge. Dort werden die typischen Charaktereigenschaften des feurigen Temperaments wie Mut, Risikobereitschaft, Abenteuerlust und Einsatzfreude gefordert. In den Bergen hat dieses Temperament Gelegenheit, die Grenzen seiner Leistungsfähigkeit zu erfahren und dadurch ein Stück seinem Inneren Selbst näherzukommen.

Wie oft wird das Feuer-Naturell im beruflichen (wie auch im privaten Bereich) »ausgebremst«, um manch »künstliche« Harmonie herzustellen. Wie jeder Hund seinen Auslauf benötigt, braucht der Feuer-Typ zu seinem Wohlbefinden Tätigkeiten, durch die er seine überschüssige Energie nach außen ablassen kann; das kann im Fitneß-Studio genauso wie bei der

Ausübung verschiedener Sportarten geschehen. Doch Gelegenheiten, die ihm seine tatsächlichen Grenzen aufzeigen, die ihn erschöpfen, bieten sich dem feurigen Temperament nur selten. Trekking ist eine davon.

Ein besonderer Vorteil des Gebirgstrekkings ist, daß die kühlen, luftigen Höhenlagen wie geschaffen zur Abkühlung des hitzigen Typs sind.

Der Feuer-Typ kann sich ebenso bei allen Aktivitäten, die mit dem Element Wasser zu tun haben, erfrischen. Er ist derjenige, der oft zweimal täglich ausgiebig duscht oder ein Bad nimmt und damit, zum Leidwesen des asketischen und sparsamen Erd-Partners (der eher maximal zwei- bis dreimal im Monat kurz duscht), die Wasserrechnung in die Höhe treibt.

Wie praktisch wäre es doch, wenn das Feuer-Temperament direkt an einem Bach, See oder am Meer wohnen würde und sich dann dort am kühlen Naß erfrischen könnte, ohne den Haussegen und das wirtschaftliche Budget einer Feuer/Erd-Beziehungen zu strapazieren!

Schnee und Kälte zum Trotz . . .

Haben Sie schon einmal im tiefsten Winter Menschen, nur mit einer Badehose bekleidet, in der Nähe eines Sees herumlaufen sehen? Es sind mit Sicherheit vom Element Feuer geprägte Naturgenießer, die sich selbst bei Minusgraden ins Wasser wagen. Eine mir bekannte Ärztin, die noch mit achtzig Jahren praktizierte, ließ sich nicht davon abbringen, bis ins hohe Alter hinein zu jeder Jahreszeit ein erfrischendes Bad in ihrem Swimmingpool im Garten zu nehmen – auch im tiefsten Winter. So ist das Feuer-Naturell! Es ist nicht ratsam, seinem Drang nach Abkühlung und Frische zu bremsen, da es diese zur Harmonisierung seines Feuer-Elements und somit zu seinem Wohlbefinden braucht.

Sich regen bringt Segen

... ist wohl eine der zutreffendsten Umschreibungen für das Feuer-Temperament. Die Kunst, die der Feuer-Typ jedoch nicht beherrscht ist, zur richtigen Zeit zur Muße zu finden. Er stürzt sich von einem Abenteuer ins nächste, neigt zu Arbeitswut und übersieht dabei schnell, wann er sich übernommen hat. Ratsam wäre es für ihn, sich zu Hause einen Raum einzurichten, in den er sich zurückziehen kann, um zur nötigen Ruhe und Stille zu finden. Ein kleiner Zimmerbrunnen erfrischt zusätzlich die Atmosphäre und beruhigt das Feuer-Temperament durch sein stetiges Plätschern.

Für den Feuer-Typ ist es wichtig zu verstehen, daß das Leben nicht nur aus Leistung besteht. Zu einem leben in Harmonie und Ausgewogenheit gehört noch mehr dazu: *Nicht nur das Tun zählt – auch das Sein!*

Beherzigt er dies nicht, so kann ihn irgendwann ein körperlicher oder seelischer Zusammenbruch zur Ruhe zwingen. Ein echtes Feuer-Naturell wird es zwar selten und nur schwer einsehen, aber nach getaner Arbeit ist es gerade für dieses Temperament wichtig, sich der Muße, Ruhe und Meditation zu widmen und zu lernen, die Aufgaben, die das Leben stellt, mit einer gewissen Gelassenheit anzugehen. Die Kunst für den Feuer-Typ ist es, einen harmonischen Wechsel von Aktivität und Ruhe in seinen Alltag zu integrieren. Dies kann er sehr gut vom Wasser-Temperament lernen, das es perfekt beherrscht, zur Ruhe zu kommen.

Hier sehen wir, wie gut sich die einzelnen Temperamente untereinander ergänzen können. Der Wasser-Typ kann vom Feuer-Temperament lernen, seine Trägheit zu überwinden, und umgekehrt kann sich der Feuer-Typ vom Wasser-Temperament die »Kunst des Müßiggangs« abschauen.

Wohin mit der ganzen Energie?

Genau wie die Ruhe- und Entspannungsphasen, ist auch das Ablassen von Energie für den Feuer-Typ von großer Bedeutung. Trägt dieses Temperament sein »Feuer« nicht nach außen und unterdrückt somit die Energie, die geballt in ihm lebt, so besteht die Gefahr, daß sich diese Kraft in seinem Innern austobt und es zu Feuersymptomen wie Magenreizungen, Sodbrennen, Neurodermitis, Hämorrhoiden etc. kommt. *Abreagieren* heißt die Devise! Ob nun, wie schon beschrieben, über die Aufnahme von bißfester Nahrung, durch Kampfsportarten, Holzhacken oder afro-brasilianisches Trommeln: Wichtig ist, daß die Energie nach außen getragen wird.

So sind an aktiven Meditationsarten etwa dem Feuer-Typ besonders die bewegungsreiche »dynamische« und die »Kundalini«-Meditation zu empfehlen. Wichtig ist natürlich, daß die Mitmenschen nicht die Leidtragenden beim »Abreagieren« sind. Dazu noch ein kleiner Tip für die Ehefrau, deren feuriger Ehemann sie als Ventil mißbraucht, um sich seiner überschüssigen Energie in Form von Wutausbrüchen zu entledigen: Hier tut das wäßrige Element Abhilfe. Haben Sie immer einen Eimer voll mit Wasser parat, um ihn zur geeigneten Zeit, wenn das Feuer tobt, gezielt zum Einsatz zu bringen!

Temperamentsbedingte Meinungsverschiedenheiten

Sollten sich das Wasser- und das Feuer-Temperament zu einer Beziehung zusammengefunden haben, so könnte es spätestens im gemeinsamen Schlafzimmer zu den ersten Schwierigkeiten kommen. Der Wasser-Typ schläft äußerst ungern bei geöffnetem Fenster, da er sich dabei schnell erkältet. Er neigt auch dazu, im Winter während der Nacht zu heizen. Für den Feuer-Typ dagegen ist es eine wahre Tortur, die Nacht bei geschlossenem Fenster oder im beheizten Schlafzimmer zu verbringen. Seine innere Hitze läßt ihn dabei kein Auge zutun. Er benötigt zum Wohlbefinden einen gut gelüfteten, nicht beheizten Raum.

Damit nicht gleich die Scheidung ins Haus steht: Wie wäre es, im täglichen oder wöchentlichen Turnus die Heizungs- und Lüftungsgewohnheiten zu ändern oder in getrennten Schlafzimmern zu nächtigen?

Die passenden Sportarten

Die Bewegung spielt im Leben des Feuer-Temperaments eine sehr bedeutende Rolle. Darum neigt es auch dazu, sich in den verschiedensten, bewegungsreichen Sportarten zu üben. Es bieten sich für den Feuer-Typ Sportarten an, die ihn fordern, bei denen er sich mit anderen Sportlern messen kann und durch einen erfolgreichen Einsatz Anerkennung findet. So z. B. Ski-Langlauf (der Feuer-Typ verträgt die Kälte des Winters von allen Temperamenten am besten, sie wirkt äußerst harmonisierend auf ihn), Marathon oder auch Mannschaftsspiele wie Fußball, Basketball und Volleyball. Dort wird er natürlich in vorderster Linie als Angreifer tätig sein und die Tore oder Punkte machen. Gewarnt seien seine Teamkameraden! Der Feuer-Typ stellt seine Leistungen nur ungern dem Wohle der Mannschaftg zur Verfügung, sondern versucht selbst und eigenständig den Weg zum Tor zu finden. Er kann sich nicht unterordnen und belegt jeden Fehler seiner Mitspieler mit einem wütenden Kommentar.

Er kann aber auch durch seine mitreißende Art ein fast verloren geglaubtes Spiel noch herumreißen und ist geradezu prädestiniert, als Mannschaftskapitän die Mannschaft zum Sieg zu führen.

Sollten Sie bei einer Sportart eine Feuer-Person als Gegner haben, so hüten Sie sich davor, Ihr Match zu gewinnen! Menschen bei denen das Feuer-Element dominiert, sind bekannt dafür, schlechte Verlierer zu sein.

Feuer-Typen neigen dazu, während eines Spiels die Anweisungen des Schiedsrichters zu bemängeln und handeln sich dementsprechend oft Verweise ein. Einer der bekanntesten hitzköpfigen Vertreter dieser Art war der Tennisspieler John McEnroe: Nach Maßregelungen des Schiedsrichters oder nach verlorenen Spielen reagierte er sich oft dadurch ab, daß er seinen Schläger kaputtschlug oder das Publikum und den Schiedsrichter beschimpfte.

Ein gleichbleibender Rhythmus ist wichtig!

Für den Feuer-Typ ist es ratsam, sich in einer Bewegungsart zu üben, die von einem gleichbleibenden Rhythmus geprägt ist. Dieser ist für seine intensive und aufwendige Lebensweise besonders wohltuend. Dafür bieten sich besonders Wanderungen (z. B. an der erfrischenden See), Langlauf (z. B. an Wasserläufen) oder Schwimmen an, da diese Sportarten von einer rhythmischen Bewegung geprägt sind und sich daher bestens für dieses Temperament eignen.

Nur keine Aufregung vor dem Schlafengehen ...

Bücher und Filme, die sehr spannend und reich an Gewaltszenen sind, regen das Feuer-Temperament zu sehr auf und verstärken das in ihm wohnende hitzige Element – daher sind sie kein geeignetes »Betthüpferl« für den Feuer-Typ. Eher zu empfehlen wären dagegen Schmöker, die das Gemüt nicht zu sehr in Wallung bringen, aber dennoch fesseln. Das Börsen-Magazin ist damit nicht gemeint, es ist vom Inhalt her zu abstrakt für den Feuer-Typ und eignet sich deshalb eher für den Luft-Typ als Lektüre. Nein, passend für den Feuer-Typ sind Bücher, die von Abenteurern und Helden, von risikoreichen Begebenheiten handeln, die aber das Feuer des Lesers nicht zu sehr schüren, etwa authentische Reiseberichte.

Geringer Überlebensinstinkt

Da der Feuer-Typ (aufgrund seines »hitzigen« Draufgängertums) einen relativ schwach ausgeprägten Überlebensinstinkt besitzt, kann der Ratschlag für ihn, im alltäglichen Leben und besonders im Straßenverkehr vorsichtig und achtsam zu walten, lebenswichtig sein.

Wer kennt sie nicht, die Hitzköpfe, die ihrer Freundin zeigen wollen, was sie alles am Lenkrad ihres Wagens können und wie beeindruckend dieser doch *heizen* kann? Die Bilder von den zerschellten Autos mitsamt Insassen, die sich mit der Widerstandskraft eines Baumes gemessen haben, werden wohl jedem von uns bekannt sein. Sie zeugen von einem fahrlässigen Umgang des Fahrers mit seinem Feuer-Element und mahnen zur Vorsicht!

Was tun, wenn es brennt?

Was kann man jemandem empfehlen, dem ein zu großes Feuer-Potential innewohnt, der oft bei anderen Menschen aneckt und wie ein bekanntes Zeichentrickmännchen aus der Werbung bei jeder Kleinigkeit in die Luft geht; der manchmal am liebsten aus der Haut fahren möchte und den seine etwas langsameren und gemütlicheren Mitmenschen schier zur Verzweiflung bringen?

Rat Nr. 1: Nehmen Sie sich an, so wie Sie sind! Was nützt es, wenn Sie sich darüber aufregen, daß Sie sich eben schon wieder geärgert haben?!

Rat Nr. 2: Versuchen Sie einmal, nach einer überstandenen Aufregung herauszufinden, warum Sie eigentlich so genervt waren und ob das Maß Ihres Ärgers überhaupt im richtigen Verhältnis zur auslösenden Ursache stand.

Rat Nr. 3: Seien Sie auf die nächste Aufregung besser vorbereitet. Wenn Sie wissen, daß Sie nach Feierabend immer mit Ihrem Auto im Stau stehen, so nehmen Sie doch einfach eine beruhigende Kassette mit und legen Sie diese, wenn es zum Stau kommt, ein, oder besuchen Sie einen Kurs über Autogenes Training, so daß Sie während des Staus Ihre Entspannungsübungen machen können.

Rat Nr. 4: Entscheiden Sie sich für eine bestimmte Methode, um seelische, körperliche und geistige Ausgeglichenheit zu erreichen. Ob es nun Autogenes Training, Yoga oder T'ai Chi ist, spielt keine allzu große Rolle. Wichtig ist nur, daß Sie diese Methode regelmäßig und kontinuierlich üben. Dabei entwickelt sich eine Kraft, die Sie unterstützen wird, aus Ihrem unerlösten

Potential ein erlöstes werden zu lassen. Ihr Gemüt wird auf Ärger mit einer gewissen Gelassenheit reagieren und sich nicht mehr so leicht aus der Reserve locken lassen.

Das heißt aber nicht, daß Sie von nun an zahm wie ein Schaf sein sollen: Dies wäre gegen Ihr Temperament gelebt. Denn – wenn Sie meinen, daß Ihnen oder anderen Unrecht getan wird, dann gehen Sie auf die Barrikaden und kämpfen für das Recht. Wenn Sie merken, daß Sie angegriffen werden, dann wehren Sie sich. Wobei Gegenwehr nicht immer mit Gewaltanwendung einhergehen muß. So wird in der traditionellen chinesischen Bewegungs- und Kampfsportart T'ai Chi eine Möglichkeit gezeigt, den angreifenden Gegner zu überwinden, ohne ihn angerührt zu haben: Er schlägt sich sozusagen mit seiner eigenen Energie.

T'ai Chi ist eine »fließende« Bewegungskunst, bei deren Ausübung Körper, Seele und Geist harmonisiert werden. Atmung, Kreislauf, Konzentration und Koordination erfahren dabei eine Stärkung. T'ai Chi hilft, Ruhe und Gelassenheit zu erlangen.

Für das Feuer-Naturell ist es erstrebenswert, auf eine innere Ausgeglichenheit hinzuarbeiten, die es frei entscheiden läßt, sich aufzuregen oder es sein zu lassen. Es gilt, eine innere Kraft aufzubauen, die die Stimmungslage des Menschen frei von äußeren Einflüssen werden läßt.

Die Entdeckung und Beherzigung dieser inneren Harmonie ist nicht gleichbedeutend damit, daß Sie Ihre gesamten feurigen Tugenden vergessen und zur »kleinen, grauen Maus« werden. Dies würde dem Potential eines feuerbetonten Menschen widersprechen und kann leidvolle Konsequenzen nach sich ziehen.

Die folgende Tierparabel aus der »Buddhistischen Schatzkiste« (1980, S. 608ff) beschreibt, was damit gemeint ist, aus einer »inneren Weisheit« heraus zu leben, und was für Folgen es haben kann, wenn das eigene Naturell unterdrückt wird:

Die Zisch-Schlange

Zwischen den hohen Gräsern einer Kuhweide lebte einmal eine große blitzschnelle Giftschlange, die unter den Hirten Angst und Schrecken verbreitete.

Eines Tages standen sie in der Nähe der Weide beisammen. Da sahen sie von fern einen Pilger heranziehen, genau auf die gefährliche Weide zu. Als er still und gesammelt an ihnen vorüberschritt, verneigten sie sich und warnten ihn vor dem angriffslustigen Reptil.

Der stille Mann lächelte und schritt ruhig weiter. Kaum hatte er den Wiesenpfad erreicht, der durch die Kuhweide führte, da schoß aus einem dürren Busch die Schlange, aufs Äußerste gereizt, und zischte ihn giftig mit ihrer gespaltenen Zunge an.

Doch da geschah etwas, das sie in ihrem ganzen Schlangenleben noch nie erlebt hatte: Aus den Augen des Pilgers traf sie ein strahlender Blick voll grenzenloser Liebe, daß ihr ganz hell und warm wurde. Sie stellte das Zischen ein, sank überwältigt zu Boden und ringelte sich zusammen wie an einem geborgenen Platz unter den wärmenden Strahlen der Sonne.

Der fromme Mann sprach zu ihr, und sie verstand, was er sagte: »Warum erschreckst du andere und tust ihnen Böses an? Wie im Fieber bist du, wenn du zürnst. Jetzt aber zürnst du nicht, und darum wird dir wohl.«

Da erkannte die Schlange das Elend ihres bisherigen Schlangendaseins und die selige Macht der Liebe. Sie sprach zu dem Prediger der Liebe:

»Ich will es tun. Komm wieder und hilf mir.«

Der Pilger versprach es und ging weiter. Die Schlange aber verwandte ihre ganze Kraft darauf, ihre alte Schlangenart abzulegen und den Wesen so liebevoll zu begegnen, wie der Pilger ihr damals begegnet war, als ihr unter seinem Blick so wohl geworden war, wie noch nie in ihrem Leben.

Bald flohen die Hirten nicht mehr vor ihr, denn sie griff nicht mehr an. Und als sie schließlich merkten, daß sie auch nicht biß, wenn man ihr nahekam, da meinten sie, sie sei krank und hilflos geworden, und trieben ihren groben Spott mit ihr und nahmen Rache für die Ängste und Schrekken, die ihnen die Schlange einst bereitet hatte: Sie packten sie am

Schwanz, wirbelten sie in der Luft herum, schlugen sie gegen Steine und Baumstämme, daß ihr das Blut aus dem Rachen lief – sie aber blieb still und ertrug alles, weil sie sah, daß sie selber früher so zornig den Menschen begegnet war. Von den Schlägen schwanden ihr die Sinne, und sie blieb ohnmächtig liegen. Die Hirten aber dachten, sie sei tot, und liefen davon.

Doch von der Kühle des nächtlichen Taues erwachte die Schlange und schleppte sich zu ihrer Höhle. Dort dämmerte sie tagelang dahin, bis sie sich endlich nachts gelegentlich wieder herauswagte, um sich einige Blätter zum Essen zu holen – Tiere konnte sie nicht mehr töten, weil ihr unter dem mitempfindenden Blick des Pilgers das Gefühl dafür so nahegekommen war, daß alle anderen Wesen genauso gern leben wollten wie sie selber. So magerte ihr Körper immer mehr ab, aber ihr Gemüt war hell und zufrieden.

Eines Tages kam der stille Pilger wieder auf die Kuhweide und wollte nach seiner Freundin und Schülerin, der Schlange sehen, aber er fand sie nicht. Er fragte die Hirten, und die sagten ihm, sie sei schon längst gestorben. Doch der Pilger, der nicht nur mit den Augen des Körpers, sondern mit den Augen der Liebe über das Feld sah, spürte, daß sie noch am Leben war.

Als die Hirten fortgegangen waren, rief er nach der Schlange. Da kroch sie aus ihrem Versteck und verneigte sich vor ihm.

Der Pilger fragte: »Wie geht es dir?«

»Ich bin zufrieden und glücklich«, antwortete die Schlange.

»Aber warum bist du so mager geworden?«

»Ich ernähre mich nur noch von Blättern, weil ich kein lebendes Wesen mehr töten kann, vielleicht liegt es daran.«

Der Pilger schüttelte den Kopf: »Daran allein kann es nicht liegen. Dein Körper ist voller Narben. Was war denn?«

»Ach ja, Herr: als die Hirten merkten, daß ich nicht mehr beiße, da haben sie mich halbtot gequält, aber ich habe mich nicht gewehrt, denn ich habe von dir gelernt, niemandem Schaden zuzufügen.«

Der weise Mann lächelte: »Daß du so große Geduld bewiesen hast, wird herrliche Früchte tragen; doch eines hast du übersehen: ich habe dir nur geraten, anderen Wesen keinen Schaden zuzufügen und nicht zu beißen, aber vom Zischen habe ich nichts gesagt: du hättest niemandem geschadet, wenn du dich im Falle einer Gefahr zu deiner vollen Größe aufgerichtet und die Angreifer angezischt hättest. Innerlich kannst du dabei ganz ruhig bleiben. Hab es gut und leb in Frieden.« Mit diesen Worten schritt der Pilger hinaus ins weite Land.

Erstaunt über diesen einfachen Rat blieb die Schlange auf dem Weg liegen und vergaß ganz, in ihr Versteck zu kriechen. Da kamen die groben Hirten des Weges, sahen sie liegen und riefen: »Sie war doch nicht ganz tot, aber das Beißen wird ihr vergangen sein. Kommt, wir geben ihr den Rest.«

Da richtete sich die Schlange zu ihrer vollen Größe vor ihnen auf, zischte sie an und ließ ihre gespaltene Zunge sehen. Die Hirten rannten, was sie konnten, und machten künftig einen respektvollen Bogen, wenn sie sie von weitem sahen. Sie kamen ihr nicht mehr zu nahe, und darauf führten sie es zurück, daß keiner von ihnen mehr gebissen wurde, und die Schlange brauchte sich nicht mehr vor ihnen zu verstecken.

Allgemeine Empfehlungen für das Wasser-Temperament

Wie schon erwähnt, ist der Wasser-Typ ein sehr gefühlvoller Mensch. Doch was geschieht, wenn seine Emotionen, seine Freuden und Ängste nicht nach außen getragen, sondern unterdrückt werden und sich im Körper manifestieren? Die Folge kann unter anderem eine drastische Gewichtszunahme sein. Darum ist es gerade für das Wasser-Naturell von großer Bedeutung zu lernen, mit seinen Gefühlen umzugehen. Hier bieten sich Hobbys an, die hilfreich sein können, angestaute Gefühle nach außen zu tragen. So z. B. Malen, Singen, Tanzen oder plastisches Gestalten. Es kann auch eine Hilfe sein, sich ein »Gefühlstagebuch« anzulegen. In dieses werden abends vor dem Schlafengehen alle seelischen Erlebnisse des Tages eingetragen. Das hat den Vorteil, daß man nachts ruhiger ins Reich der Träume eingeht, und daß sich die Emotionen dadurch, daß sie zu Papier gebracht worden sind, nicht mehr im Inneren aufstauen. Anzustreben ist natürlich, seine Gefühle in dem Augenblick, in dem man sie wahrnimmt, auszudrücken. Wieviel können wir in dieser Hinsicht von den Kindern lernen, die ihre Freude, Wut, Trauer und Ängste ohne viel nachzudenken zum Ausdruck bringen.

Kampf dem Übergewicht?

Eine der Hauptbeschäftigungen des Wasser-Typs ist es, Wege und Mittel zu finden, um seine überflüssigen Pfunde loszuwerden. Wie viele Theorien sind nicht schon aufgestellt worden, die dem Übergewicht den Kampf ansagten!

Doch ist es wirklich richtig, daß der Mensch die körperlichen Symptome, die sein Organismus aussendet, bekämpfen muß?

Will uns unser Körper nicht eher darauf hinweisen, daß wir uns ein Stück von unserem eigentlichen, individuellen Weg entfernt haben? Aus diesem Blickwinkel heraus erkläre ich in der Praxis den übergewichtigen Ratsuchenden, daß sie im Grunde genommen dankbar sein dürfen, daß ihr Organismus das Signal »Übergewicht« aussendet.

Es ist nun die Kunst herauszufinden, worauf diese Symptomsignale hinweisen wollen. Wenn man aufmerksam auf die Wortwahl des Betreffenden horcht, so werden die Parallelen zwischen körperlichem Symptom und seelischer Ursache recht schnell deutlich.

Eine Frau berichtete in der Ernährungsberatung, daß sie im alltäglichen Leben oft »Frust ansetze« und viel Ärger »herunterschlucke«. Wo sich Frust ansetzt, lauern auch schon die Fettpolster. Sie dienen als Schutz vor Angriffen, Kritik und geringschätzender Behandlung von außen. Es ist ratsam, dies alles nicht herunterzuschlucken, sondern zu verarbeiten und aufzulösen. Der Betroffene *darf* lernen, sich vor äußeren Angriffen zu schützen, sich ein dickes Fell anzulegen, ohne seinen Körper, sprich die Fettpolster, als Schutzwall zu benutzen. Je mehr Aggressionen und Wut »heruntergeschluckt« werden, desto größer ist die Wahrscheinlichkeit, daß diese Emotionen sich in Form von Fett ansetzen.

Innere Harmonie

Grundvoraussetzung für ein »seelisches Normalgewicht« ist ein ausgewogenes Maß an Eigenliebe. Befindet sich der Mensch in seiner Mitte, so ist er vor negativen, äußeren Einflüssen gefeit: Sie können ihm nichts anhaben.

Eine gute Übung dafür ist, sich morgens nach dem Aufstehen und abends vor dem Schlafengehen im Spiegel zu betrachten und zu sagen: »Ich liebe mich und nehme mich an, so wie ich bin, mit meinen Stärken und Schwächen.« Bei der Durchführung dieser Übung (die natürlich nicht alleine für den übergewichtigen Wasser-Typ, sondern für alle vier Naturelle geeignet ist) wird man schon nach kurzer Zeit sehr positive Veränderungen an sich feststellen.

Das Annehmen der eigenen Persönlichkeit ist ein wichtiger, grundlegender Schritt auf dem Weg zum Erlangen des inneren Gleichgewichts. Erst dadurch können bestimmte Muster wie z. B. Übergewicht nach und nach aufgelöst werden. Sich selbst zu akzeptieren bedeutet jedoch nicht, daß die Arbeit an den persönlichen Schwachpunkten damit beendet ist. Nach dem Annehmen der eigenen Schwächen folgen die Schritte der Umwandlung und Auflösung der unerlösten Eigenschaften.

Es ist nicht damit getan, lediglich zu seinen verletzten Gefühlen zu stehen, wenn einem der Chef allmorgendlich vorhält, wie wenig man doch an seinem Arbeitsplatz taugt und wie viele Fehler man täglich macht. Erst wenn Sie es schaffen, vor Ihrem aufgebrachten Vorgesetzten aufzustehen und ihm klarzumachen, daß sein Umgangston unmöglich ist, daß Sie kein fehlerlos funktionierender Roboter, sondern ein Mensch sind, der auch mal Fehler macht, und wenn Sie auf Ihre positiven Eigenschaften, die nicht abzustreiten sind, hinweisen, erst dann ist Ihre bisher ungelöste Aufgabe des Sichdurchsetzens gelöst. Warum sollte Sie nun Ihr Körper noch in Form von (Übergewichts-)Symptomen darauf hinweisen, daß Sie lernen müssen, sich besser durchzusetzen?

Es ist ein sich immer wiederholendes Muster:

- der Hinweis auf eine unerlöste Eigenschaft in Form von körperlichen, geistigen oder seelischen Symptomen
- das Erkennen der unerlösten Eigenschaft
- ihre Akzeptanz
- das Auflösen der unerlösten Eigenschaft
- die Festigung der neugewonnenen erlösten Eigenschaft
- das Überflüssigwerden und Verschwinden der Symptome

Das Ganze liest sich natürlich in der Theorie sehr einfach, sieht in der alltäglichen Praxis allerdings etwas schwieriger und komplexer aus. Doch wie sagte Gandhi so schön? »Der Weg ist das Ziel!« Machen Sie sich erst einmal auf den Weg, und vergessen Sie die hochgesteckten Ziele. Gehen Sie Schritt für Schritt Ihren Weg. Auch wenn er steinig und unpassierbar erscheint, es gibt immer eine Möglichkeit, weiter voranzukommen, auch wenn dafür ein Umweg in Kauf genommen werden muß.

Idealgewicht und Individualgewicht

Es kommt nicht selten vor, daß Ratsuchende zu mir in die Praxis kommen, weil sie besorgt darüber sind, daß ihr Gewicht mehrere Kilogramm über ihrem rechnerischen »Normalgewicht« liegt. Wäre das wirklich so bedenklich?

Was ist eigentlich ein individuelles Idealgewicht, und wer außer Ihnen selbst kann mit Sicherheit bestimmen, welches Gewicht für Sie optimal ist? Jeder Mensch muß für sich selbst herausfinden, ob er sich mit seinem Gewicht wohl fühlt oder nicht.

Wir Menschen lassen uns diesbezüglich zu sehr von wissenschaftlichen Tabellen und Statistiken beeinflussen.

Wie stehen Sie zu sich und Ihrer Figur?

Vor einiger Zeit trat bei einer öffentlichen Veranstaltung eine afrikanische Tänzerinnengruppe auf. Nach unseren westlichen Maßstäben »litten« die meisten der Frauen an Übergewicht. Doch von Leid konnte bei ihnen keine Rede sein. Sie bewegten sich anmutig und mit großer Selbstsicherheit. Obwohl die Frauen üppig gepolstert waren, hatten sie es nicht nötig, zu einem Ernährungsberater zu gehen, geschweige denn, verschiedene Diäten auszuprobieren.

Es hängt viel von der inneren Einstellung zu sich und seinem Körper ab. Jeder Mensch darf, unabhängig von irgendwelchen Formeln, selbst ein Gefühl dafür bekommen, welches Gewicht sein individuell ideales ist.

Haben Sie den Mut, zu Ihren kleinen Fettpölsterchen zu stehen – denn diese machen einen Teil Ihrer auf dieser Welt einmaligen Persönlichkeit aus!

Süße als Liebesersatz

Oft höre ich von Klienten, daß sie sich abgelehnt und nicht anerkannt fühlen und aus Frust Süßes essen. Die Folge davon nennt sich dann »Kummerspeck«. Gerade Zucker tröstet scheinbar über Liebesdefizite hinweg. Doch die süßen Verlockungen helfen nur kurzfristig.

Es wird Zeit, diese Krücken von sich zu werfen und auf eigenen Beinen zu stehen! Menschen, die an ihrer inneren Harmonie arbeiten, werden sich mehr und mehr eine Sicherheit erschaffen, die unabhängig von äußeren Einflüssen ist. Mit diesem selbsterarbeiteten Maß an Eigenliebe und Sicherheit erfährt man wiederum die positive Aufmerksamkeit seiner Mitmenschen. Ein von Liebe erfüllter Mensch hat es einfacher, anerkannt zu werden, als ein unerfüllter: »Wie man in den Wald ruft, so schallt es heraus!«

Die überflüssigen Pfunde werden nicht dadurch beseitigt, daß man eine Diät nach der anderen ausprobiert oder sich gar von Präparaten ernährt.

Es ist ratsamer, an der Ursache der Fettpolster und damit an seiner

Persönlichkeit zu arbeiten. Erst dann kann auch das Muster aufgelöst werden, auf welches das Symptom Übergewicht hinweist.

Seien Sie geduldig

Dieser ursachenbezogene Umgang mit Übergewicht führt wahrscheinlich nicht innerhalb kürzester Zeit zu einer rapiden Gewichtsabnahme.

Die Seele benötigt meist eine gewisse Zeit, bis sie die gestellte Aufgabe (z. B. das Erreichen einer inneren Harmonie) vollständig löst. Nach und nach geht dann der seelische Erfolg auf den Körper über. Ist die Blockade erst einmal gelöst, so haben die Symptome es nicht mehr nötig, sich zu melden: Sie werden überflüssig. Das Resultat ist, daß die Fettpolster nach und nach verschwinden.

Körperliche und seelische Wärme

Ein weiteres Merkmal des Wasser-Typs ist sein schwacher Kreislauf und der sich daraus ergebene Hang zum Frösteln. Darum sollte dieses Temperament darauf bedacht sein, sich genügend Wärme zuzuführen. Dies kann in Form von naturbelassener, wollener Kleidung mit wärmenden, feurigen Farben sein (z. B. orange oder rot). Aber auch ein gemütliches Zuhause kann behagliche Wärme ausstrahlen. Zünden Sie sich zu Hause eine Kerze an, stellen Sie eine Duftlampe auf, hören Sie Musik, bei der Sie sich wohlfühlen, oder lassen Sie sich einfach einmal von Ihrem Partner massieren.

Für den Wasser-Typ ist es besonders wichtig, auch menschliche Wärme zu empfangen. Das heißt, daß er mit Menschen zusammen ist, die ihn und seine Gefühle verstehen, die mit ihm fühlen, wenn er von seinen Leiden und Freuden erzählt.

Aber auch der Umgang mit »feurigen« Menschen, die sein Temperament »ankitzeln«, die ihn aus seiner oft lethargischen Reserve locken und in Bewegung bringen, wirken oft ausgleichend auf den phlegmatischen Charakter.

Für diesen wie auch für die anderen drei Konstitutions-Typen ist es wichtig, in erster Linie das dominierende Temperament zu leben. Doch daraus sollten keine Einseitigkeiten entstehen. Es ist daher ratsam, sich jeweils von den anderen drei Temperamenten inspirieren zu lassen, um erstens nicht im eigenen Temperament steckenzubleiben, und damit zweitens nicht irgendeines der vier Elemente ins Ungleichgewicht gerät und über seelische, geistige oder körperliche Symptome auf sich aufmerksam machen muß.

Sport am Morgen vertreibt Kummer und Sorgen

Dieses Motto stammt mit Sicherheit nicht von einem bewegungsfaulen, wasserbetonten Menschen, ist aber auf alle Fälle eine Bereicherung für dessen ruhebetonten Lebensalltag.

Sport und Bewegung stellen eine Möglichkeit dar, den (besonders am Morgen) labilen Kreislauf des Wasser-Naturells anzuregen. So empfiehlt es sich für dieses Temperament, täglich morgens Gymnastik zu treiben: Sie hebt die Stagnation im Körper auf und ist ein gutes Mittel gegen Übergewicht.

Besonders empfehlenswert sind auch Sportarten mit gleichmäßigen Bewegungsabläufen, wie z. B. Rudern oder Joggen. Bewegungsarten, die schnell zur Erschöpfung führen, wie z. B. Kurzstreckenlauf, eignen sich nicht für den Wasser-Typ. Seine Stärke ist mehr die Ausdauer. In der feuchtkalten Jahreszeit zieht es das leicht fröstelnde Wasser-Temperament nicht nach draußen, es fühlt sich dann im Warmen wohler.

Wie bekommt man nun einen Wasser-Typ im Winter dazu, sich vom Ofen wegzubewegen und den Hausputz zu erledigen?

Antwort: Man fordere ihn auf, doch zu einer lustigen Rodelpartie oder einer wilden Schneeballschlacht nach draußen mitzukommen. Auf einmal werden ihm lauter Hausarbeiten einfallen, die unbedingt sofort zu erledigen sind.

Besonders in der kalten Jahreszeit sind dem Wasser-Typ die fernöstlichen, *fließenden* Bewegungsarten Qi Gong und T'ai Chi ans Herz zu legen, die neben ihrer kreislaufanregenden Wirkung auch besondes harmonisierend auf Körper, Geist und Seele wirken.

Bei ständigem Frieren und Erkältungen kann auch trockene Wärme Abhilfe schaffen, so z. B. durch Höhensonne oder Heizkissen; das gilt aber nur für den fröstelnden Wasser-Typ. Für den frierenden Luft-Typ dagegen bedeutet trockene Wärme noch eine Betonung seines Luft-Elements. Besser ist es da für ihn, sich bei Erkältungen feuchte Wärme, z. B. durch einen Saunabesuch, zuzuführen.

Das Schlimmste, was man dem Wasser-Naturell im Winter antun kann, ist, es zu einer kalten Dusche oder einem kühlen Bad (zum Abhärten) zu zwingen. Man sollte es nicht für möglich halten, was dem Betroffenen an Ausreden und Tätigkeiten einfällt, um dieser Erfrischung zu entgehen. Hier sind wir bei einem Punkt angelangt, der dem Wasser-Temperament große Schwierigkeiten bereitet, nämlich *nein* zu sagen. Ehe dieser Typus sich dazu durchringt, einmal wirklich zu seinen Bedürfnissen zu stehen und eine Bitte abzulehnen, muß dieses Temperament schon arg gebeutelt werden.

Der Wasser-Typ kann sich nur schwer von seinen Mitmenschen abgrenzen und versucht Auseinandersetzungen möglichst gerne aus dem Weg zu gehen. Er möchte so gern für die anderen dasein, ihnen helfen und alles recht machen. Dies birgt allerdings die Gefahr, eigene Bedürfnisse zu ignorieren. Oft zeigt dem Wasser-Typ dann die ihn »abgrenzende« Speckschicht seines Körpers, daß er zu lernen hat, *nein* zu sagen und sich zum richtigen Zeitpunkt von den Anforderungen seiner Mitmenschen abzugrenzen. Das ist die Kunst, zur rechten Zeit zu den eigenen Bedürfnissen zu stehen, so daß der Körper gar nicht erst auf die Idee kommt, Warnsignale in Form von Symptomen auszusenden.

Zu sich selbst und seinen Bedürfnissen zu stehen ist wohl eine der größten Aufgaben, die der Wasser-Typ (und nicht nur er!) zu lösen hat. Dafür gibt es natürlich kein Patentrezept. Die Ratschläge, die beim Thema

Übergewicht schon angesprochen wurden, sind genauso auch Anregungen zur Annahme der eigenen Persönlichkeit.

Fangen Sie zuerst im kleinen an, Ihr *Nein* zu üben. Wenn sich bei Ihnen in der Familie der Brauch eingeschlichen hat, daß Sie als Hausfrau allein für den Abwasch zuständig sind, so lassen Sie diesen doch einmal ungewaschen stehen und empfehlen Ihren ungläubig dreinschauenden Familienmitgliedern, sich an den Abwasch zu machen, da sonst irgendwann einmal das Geschirr ausgehen wird.

Bleiben wir beim Beispiel der Wasser-Typ-Hausfrau: Wann haben Sie eigentlich das letzte Mal für sich selbst Zeit gehabt? »Ach«, werden Sie sagen, »da kommt immer etwas dazwischen. Die Socken müssen gestopft werden, die Wäsche gewaschen, und die Kinder brauchen doch schließlich auch ihre Mutter.«

Und wo bleiben Sie und Ihre Bedürfnisse?! Setzen Sie durch, daß Sie *mindestens* eine Stunde am Tag Zeit für sich haben, so daß Sie dann für niemand anderen dasein müssen und sich ganz um sich selbst kümmern können. Gehen Sie mit Freundinnen ins Café, lassen Sie sich einmal von Ihrer Familie bedienen. Es werden Ihnen sicherlich noch mehr Dinge einfallen, die Sie eigentlich schon lange gern tun wollten, die Sie sich aber nicht zugestanden haben.

Der Beratungsalltag zeigt, daß vor allem Frauen mit Übergewicht alles für die Familie tun, aber selten an ihre eigenen Bedürfnisse denken. »Liebe deinen Nächsten wie dich selbst!« Dieses Gebot weist daraufhin, an beide zu denken: sich selbst und die Mitmenschen – und zwar in gleichem Maße!

Also nochmals: Lernen Sie *nein* zu sagen, bevor Ihr Körper Sie dazu zwingt!

Sie werden sehen, daß Sie irgendwann einmal Meister im Bekennen Ihrer Bedürfnisse sein werden.

Allgemeine Empfehlungen für das Luft-Temperament

Da der Luft-Typ oft von Nervosität, Zerfahrenheit und unruhigem Schlaf heimgesucht wird, ist es sehr heilsam für ihn, seinem Leben durch regelmäßige Essens- oder Schlafgewohnheiten einen Rhythmus zu geben – wobei er es natürlich nie zu den steten Lebensgewohnheiten des Erd-Typs bringen wird. Es ist jedoch wichtig für ihn, zumindest in einige Bereiche eine gewisse Kontinuität zu integrieren, da sonst die Gefahr besteht, daß das Luft-Element in Form von Zerfahrenheit und Zerstreutheit immer mehr die Oberhand gewinnt.

Tanz auf (zu) vielen Hochzeiten

Zur Behebung der Nervosität empfiehlt es sich für dieses Temperament, Freizeitbeschäftigungen, die das Luft-Element fördern – wie Fernsehen, Diskothekenbesuche bis in den Morgen hinein sowie »den Tanz auf vielen Hochzeiten« – nicht zur Gewohnheit werden zu lassen. Wie schon anfangs erwähnt, übersieht das Luft-Temperament schnell, wann es seine Grenzen erreicht bzw. überschritten hat, und neigt daher zu körperlichen oder seelischen Zusammenbrüchen infolge von Überbelastung.

Plätze der Kraft

Ähnlich wie für den Feuer-Typ ist es auch für das Luft-Naturell empfehlenswert, zwischen den Aktivitäten Ruhephasen einzulegen, die ihm ein »Auftanken« ermöglichen. Wie geschaffen sind dazu Plätze, die Ruhe und Geborgenheit ausstrahlen. Die liebevoll eingerichteten eigenen vier Wände sind schon beim Feuer-Typ beschrieben worden, aber auch eine Waldlichtung oder ein abseits gelegener Platz an einem See bieten dem Luft-Typ eine gute Möglichkeit, sich vom Streß des Alltags zu erholen.

Harmonisierend wirken auch beruhigende Düfte von Rose, Jasmin, Lavendel oder Melisse, meditative und besinnliche klassische Musik oder ein warmes Bad mit Rosenöl, das die strapazierten Nerven entspannen läßt.

Wenn Sie sich nervös und ausgelaugt fühlen und Ihr Luft-Element zu sehr dominiert, legen Sie doch einmal eine Pause in Ihrem Leben ein und gönnen Sie sich etwas Zeit zur Erholung, bevor Ihr Körper die Notbremse zieht und Sie zur Ruhepause zwingt.

Konzentriert bei der Sache sein

Für den Luft-Typ empfiehlt es sich, während des Essens konzentriert zu sein. Die Folge einer gedankenlosen Nahrungsaufnahme kann sein, daß das Essen unzerkaut heruntergeschluckt wird, was wiederum den Magen-Darm-Bereich reizen kann.

Darum ist es besonders für dieses sinnesbetonte Temperament ratsam, langsam zu essen, gut zu kauen und alle anderen körperlichen oder geistigen Aktivitäten während des Essens einzustellen.

Der Begründer der Makrobiotik, George Ohsawa, empfiehlt zur Aufrechterhaltung der Gesundheit, jeden Bissen mindestens fünfzigmal zu kauen, bei schwerwiegenden Krankheiten sogar hundertmal. Dies ist dem klassischen Luft-Typ natürlich ein Greuel, aber sicherlich für einen bestimmten Zeitraum, sozusagen als Heilmaßnahme, bedenkens- und empfehlenswert.

Wer bin ich?

Die Außenwelt mit all ihren Faszinationen wahrzunehmen, stellt kein Problem für den Luft-Typ dar. Sein Aufgabenbereich liegt eher darin, *sich selbst* bewußt zu erfahren und die Frage zu stellen: »Wer bin ich eigentlich?«

Möglichkeiten, sein inneres Selbst zu entdecken, bieten verschiedene Traumreisen oder Meditationsarten. Besonders harmonisierend auf den unruhigen Geist wirkt sich ein mehrtägiges (oder -wöchiges) Meditationsretreat aus, in dem von morgens bis abends geschwiegen und meditiert und so der Geist gereinigt wird. Bei einem solchen Seminar wird der redselige und aktive Luft-Typ schnell an seine Grenzen stoßen. Überwindet er diese aber und schafft es, seinen Geist mit dem »Besen der Meditation zu reinigen«, so wird dies eine bedeutende Hilfe sein, die Aufgaben, die ihm sein Lebensweg stellt, in Ruhe und Gelassenheit anzugehen und Antworten auf die Frage zu finden, was eigentlich seine wahre Persönlichkeit ausmacht.

Der Kontakt zur Erde

Da das Luft-Temperament dazu tendiert, den Kontakt zu seinen irdischen Aufgaben (in Beruf, Familie etc.) zu verlieren und sich gern in eine theoretische, abstrakte Gedankenwelt begibt, ist es für ihn sehr wichtig, sich regelmäßig und gut zu »erden«. Da empfiehlt es sich beispielsweise, während eines Spaziergangs im Wald für einen Augenblick innezuhalten, sich an einen Baum zu lehnen und dessen Energie zu spüren und aufzunehmen. Ratsam ist es auch, sich auf eine Wiese zu legen, und die Kraft der Erde zu erfahren und diese Energie bewußt über alle Poren »aufzusaugen«.

Abhilfe bei Hyperaktivität

Für das Luft-Temperament ist es gut zu wissen, daß Schuhe mit Kunststoffsohlen eine »Erdung« verhindern; statt dessen sollten (atmungsaktive) Ledersohlen getragen werden. Das ist besonders wichtig für sogenannte Zappelphilipp-Kinder, die an »Hyperaktivität« leiden. Die Hyperaktivität basiert auf einer Störung des Luft-Elements, entsprechend gelten daher bei dieser Art von Überaktivität auch die Empfehlungen für Luftstörungen. Darüber hinaus empfiehlt es sich für das betroffene Kind, so oft wie möglich in Kontakt mit dem Element Erde zu treten.

Vorsicht vor Elektrostrahlen!

Damit der Luft-Typ nachts gut schlafen kann, ist es ratsam für ihn, im Schlafzimmer auf keinen Fall in Kopfnähe elektrische Geräte stehen zu haben, da diese, auch wenn sie nicht eingeschaltet sind, Strahlen aussenden. Jegliche Art von Strahlen verstärken das Luft-Element und begünstigen somit einen unruhigen Schlaf.

Darum: keine Musikanlage, keinen Fernseher oder Radiowecker im Schlafraum aufstellen! Wenn Sie diese Geräte unbedingt im Schlafzimmer benötigen, so schließen Sie zumindest einen Zwischenschalter zwischen die Geräte und die Steckdose, so daß Sie nachts den Stromkreis unterbrechen können und damit auch strahlenfrei und ruhiger schlafen.

Ein Fernseher strahlt, wenn der Stecker herausgezogen oder der Stromkreis unterbrochen ist, nach dem Ausschalten noch weiter und sollte daher ganz aus dem Schlafzimmer entfernt werden. Wo wir gerade beim Schlafplatz sind: Lassen Sie von einem *geeigneten* Rutengänger prüfen, ob Ihr Bett über einer Wasserader oder einem elektrischen Feld steht. Sollte dies der Fall sein, so verlegen Sie unverzüglich Ihren Schlafplatz. Auch diese Energiefelder wirken sich ungünstig auf Ihre Gesundheit aus und fördern obendrein noch einen unruhigen Schlaf.

Leichte körperliche Tätigkeiten

An Bewegungsarten empfehlen sich leichte körperliche Tätigkeiten, denn der Luft-Typ ist kein Ausdauersportler. Sehr wohltuend ist für ihn Hatha-Yoga. Dabei überanstrengt er sich nicht und wird doch körperlich, geistig und seelisch gestärkt.

Aber auch Spaziergänge und Fahrradtouren (am besten in Gesellschaft) sowie Mannschaftssportarten tun diesem geselligen Temperament gut. Zu Sport im Winter hat der Luft-Typ ein ähnliches Verhältnis wie das Wasser-Temperament: Da er nicht mit viel Fett »gesegnet« ist, friert er sehr leicht und ist im Winter dem Sport an der frischen Luft eher abgeneigt. In dieser Zeit bietet sich für ihn Bewegung in der Halle an, wie z. B. Badminton oder

Tischtennis, die dem reaktionsschnellen Luft-Naturell sehr liegen und seinem Potential entgegenkommen.

Übernahme von Verantwortung

Der Luft-Typ scheut sich am meisten davor, Verantwortung zu tragen. Er geht verantwortungsvollen Aufgaben gern aus dem Weg und fühlt sich mehr zur »Leichtigkeit des Seins« hingezogen. Dieses Temperament übersieht dabei, daß es im Leben nicht nur Rechte zu beanspruchen, sondern auch Pflichten zu übernehmen gilt. Wenn der Luft-Typ sich nicht freiwillig der Verantwortung stellt, kann es sein, daß diese Aufgabe von selbst auf ihn zukommt und er sie dann bewältigen *muß*. Sei es nun, daß das Luft-Naturell Vater bzw. Mutter wird und Verantwortung für das Kind übernehmen muß, sei es, daß ein Pflegefall in der Familie auftritt und der Luft-Typ zur Pflege herangezogen wird. Ihn kann auch eine Krankheit am eigenen Leibe dazu zwingen, Verantwortung und zwar gegenüber sich selbst zu übernehmen.

Wohin, wenn es zu eng wird?

Sollte der Luft-Typ einmal von allem genug haben und vor der Enge seine alltäglichen Verpflichtungen und Aufgaben die Flucht ergreifen, so sei ihm eine Schiffahrt auf dem Meer oder die Weite hoch droben auf einer Bergspitze zur »Kur« angeraten. Dort kann er tief durchatmen und die ihm so wichtige Freiheit genießen, neue Kraft tanken und schließlich seine Energiereserven auffüllen.

Rechtzeitige Erholungspausen

Wenn der Luft-Typ merkt, daß sich sein Kraftpotential dem Ende zuneigt und er kurz vor dem Zusammenbruch steht, so ist es für ihn wichtig, tagsüber ausreichende Erholungspausen einzulegen und seine Freizeit nicht mit »Unterhaltungsprogrammen« vollzustopfen, sondern möglichst Anstrengungen zu vermeiden und sich ganz der Ruhe hinzugeben.

Ausführliche Spaziergänge in der Natur können da hilfreich sein. Ölige Massagen (die das Wasser-Element im Körper erhöhen) wirken entspannend, aber auch der Besuch bei einem guten Freund auf dem Lande, inmitten von Kühen und Schafen und fernab jeglicher Zivilisation, sind wie Balsam für die zerrütteten Nerven. Es tut dem Luft-Typ keinen Abbruch, wenn er auf dem Hof auch (regelmäßig) mitarbeitet, den Stall ausmistet, den Acker umgräbt, Unkraut jätet und beim Heueinfahren hilft. All dies fördert das Erd-Element und läßt den Luft-Typ am Abend nach getaner Arbeit seinen Körper spüren und in einen verdienten, erholsamen Schlaf fallen. Darum als »Therapievorschlag« für den gestreßten Luft-Typ: Arbeitsurlaub mit vielen Ruhepausen auf dem Lande.

Allgemeine Empfehlungen für das Erd-Temperament

Wenn das Erd-Naturell (im Seelischen wie im Körperlichen) zu sehr verhärtet und »erstarrt«, so empfehlen sich zum Lockern und Lösen des schweren Temperaments künstlerische und musische Tätigkeiten wie z. B. Aquarell-Malen, Batiken, Töpfern, Singen und Musizieren.

Hat der Erd-Typ ein passendes Beschäftigungsgebiet entdeckt, so weiß er sich daran zu begeistern. Schenkt man ihm zu Weihnachten eine Töpferscheibe, so hat das zum Nachteil, daß man ihn während des Festes wie auch die nächsten Tage und Wochen nur noch selten zu Gesicht bekommen wird. Er wird sich hochmotiviert einen festen Platz an der Töpferscheibe einrichten, von dem ihn keiner mehr weglocken kann.

Die Leichtigkeit des Seins

Der unerlöste Erd-Typ kapselt sich gern von seiner Umwelt ab und führt dementsprechend eher ein Einsiedlerleben. Hier besteht allerdings die Gefahr, daß er eigenbrötlerisch und depressiv wird und am weltlichen Treiben um ihn herum das Interesse verliert.

Um dieser Isolierung entgegenzuwirken, ist es für ihn ratsam, vom Luft-Temperament »die Leichtigkeit des Seins« zu lernen. Das heißt z. B.

einmal einen ganzen Nachmittag mit Freunden im Café zu verbringen, sich zu einem Kino- oder Theaterbesuch bewegen zu lassen, abends bei Bier und guter Laune zu kegeln oder sich einfach in sich selbst, seine Mitmenschen und das Leben zu »verlieben«.

Seinen routinierten Alltag hinter sich zu lassen und aus der eigenen Haut herauszuschlüpfen heißt z. B. das Treppengeländer hinunterzurutschen, der griesgrämigen Frau Nachbarin einen Handkuß zuzuwerfen oder gar spontan in den Brunnen des Stadtparks zu springen. Solche »Kleinigkeiten« bewirken oft mehr als so manches Medikament. Es kostet natürlich Überwindung, sich selbst für eine Weile nicht mehr so ernst zu nehmen und über seinen Schatten zu springen – aber Sie werden sehen, daß es viel in Ihrem Inneren bewegt, wenn Sie einmal so aus sich herausgehen.

Für den Erd-Typ bedeutet es eine große Überwindung, die ausgetretenen Pfade der Gewohnheit zu verlassen und neue, erlebnisreiche Wege zu gehen. Hier sind seine Freunde gefragt, die ihn von seiner Töpferscheibe losreißen und auf die genießerische Seite des Lebens zerren müssen. Das Leben des Erd-Temperaments, das bis dahin in engen, vorgezeichneten Bahnen verlief, wird sich dann in neuen, bis dato unbekannten und umso schillernderen Facetten zeigen.

Wie bewegt sich das Erd-Temperament am liebsten?

Ist es der Rock 'n Roll, der Twist oder der Wiener Walzer, wonach der Erd-Typ am liebsten tanzt?

Nichts von alledem vermag ihn hinter dem Ofen hervorzulocken. Die sicherste Methode dafür stellen praktische Aufgaben dar, nach deren Beendigung er weiß, was er getan hat: so z. B. handwerkliche Tätigkeiten, wie Töpfern, Streichen des Gartenzauns, Beschneiden der Heckenrosen, Umgraben der Blumenbeete oder Rasenmähen.

Aber auch Ausdauersport wie Wandern, Bergsteigen oder ausgiebige Fahrrad- und Kanutouren, bei dem das Erd-Naturell die Natur erfahren kann, fördern sein inneres Gleichgewicht.

Auch wenn es das Erd-Temperament Überwindung kostet: Jegliche Art von Tanz, und ganz besonders der Volkstanz (der von der Gruppe lebt, welche das eigenbrötlerische Erd-Naturell gern meidet) lockert sein Temperament auf. Hier ist wiederum der Freundeskreis aufgefordert, den »Stubenhocker« zu ermuntern, seine heimischen vier Wände zu verlassen.

Was tut der Erd-Typ, wenn es ihm einmal nicht gut geht?

Sollte der Erd-Typ einmal in eine Krise geraten, so ist es gut für ihn, sich auf seine Stärken zu besinnen. Er sollte dann ganz bewußt einen Rhythmus in sein Leben integrieren, der ihm den nötigen Rückhalt und beruhigende Sicherheit vermittelt. Es tut diesem Temperament auch gut, sich eine Aufgabe zu suchen, in der es aufgehen kann: Aus der Beschäftigung heraus kann es so wieder neue Lebenskraft schöpfen. Vielleicht ist dies das Anlegen eines kleinen Gartenteichs, was gut durchdacht und geplant werden muß. Solch ein Teich fordert auch nach dem Anlegen ein hohes Maß an Pflege und ist für den verantwortungsbewußten Erd-Typ bestens zur Entspannung geeignet.

Was in dieser Krisenzeit wichtig für den Erd-Typ ist, ist die Übernahme von Aufgaben, die ihn erfüllen und schöpferisch mit »Händen und Füßen« tätig werden lassen, und Beschäftigungen, die seine positiven Eigenschaften, wie Zuverlässigkeit, Beständigkeit und Ordnungsliebe, fordern. An ihnen sieht er nach getaner Arbeit, was er geschafft hat, und bezieht daraus seine Zufriedenheit.

Die Überforderung des Erd-Temperaments

Es kommt nicht selten vor, daß Menschen mit hohem Erd-Potential die Probleme und Leiden anderer mittragen: Seine Mitmenschen merken, oft unbewußt, daß der Erd-Typ auch fremde seelische Last auf sich nehmen kann, und behelligen ihn dementsprechend oft, doch irgendwann wird es auch dem »tragfähigsten« Erd-Typ zuviel. Er möchte dann am liebsten die ganze Verantwortung, die auf ihm lastet, abgeben, und sieht dabei voll Neid auf den Luft-Typ, der ein unbelastetes und sorgenfreies Leben führt.

Doch es fällt ihm (ähnlich wie dem Wasser-Typ) schwer, Menschen abzuweisen, die auf seine »Tragkraft« hoffen. Gesteht er sich nicht rechtzeitig ein, daß seine Aufnahmekapazität auch ihre Grenzen hat, so muß sein Körper die Notbremse ziehen und krank werden. In diesem Zustand ist das Erd-Temperament dann nicht mehr in der Lage zu handeln geschweige denn, verantwortungsbewußt Probleme der anderen mitzutragen.

Nicht selten suchen mich in meinen Beratungen (vom Element Erde geprägte) Klienten auf, die an gesundheitlichen Störungen leiden, die – vom Unterbewußtsein gesandt – sie von der Schwere ihrer Last befreien. Auch hier erkennen wir, wie wichtig es ist, zu seinen Bedürfnissen zu stehen und einzusehen, daß die Kraft eines noch so starken Konstitutionstyps nicht unbegrenzt ist. Für den Erd-Typ heißt das, daß er vor lauter Verantwortungsbewußtsein für andere nicht vergessen sollte, an sich selbst zu denken und rechtzeitig »Urlaub« von seinem Erd-Potential zu nehmen. Sonst muß er, möglicherweise gezwungenermaßen, eine Pause einlegen und aufhören, die Lasten seiner Mitmenschen mitzutragen.

Es ist kein Zufall, daß Erd-Naturelle mit einer gewissen Bodenständigkeit ausgestattet und prädestiniert dafür sind, Probleme und Leid anderer, schwächerer Menschen für eine begrenzte Zeit mitzutragen. Man kann dies als Fügung des Schicksals bezeichnen, ebenso wie Feuer-Typen dazu berufen sind, willensschwache und depressive Menschen mitzureißen, Wasser-Typen durch ihr Mitgefühl anderen zur Seite stehen und Luft-Typen mit ihrem sonnigen Gemüt ihre Mitmenschen zu begeistern vermögen. Es hängt von jedem selbst ab, was er aus seinem Potential macht und inwieweit er es zum Wohle der Menschheit einsetzt.

Für erdbetonte Menschen ist wichtig zu erkennen, daß sie ihr tragendes Potential nie ganz ablegen können – diese Eigenschaft ist schließlich eines ihrer bedeutendsten Wesensmerkmale. Die Kunst für sie besteht darin, nach und nach zu lernen, mit ihrem tragenden Potential umzugehen, es anzunehmen und als erlöste Eigenschaft schließlich in ihr Leben zu integrieren. Dann werden sie zur Gesundung ihrer leidenden Mitmenschen beitragen und daraus auch wiederum Kraft für sich und die eigene Weiterentwicklung gewinnen.

Geordnete Verhältnisse

Wie bereits erwähnt, hat der Erd-Typ einen ausgesprochenen Ordnungsdrang – alles, was nicht an seinem Platz liegt, wird gewissenhaft aufgeräumt. Diese Marotte kann sich allerdings so extrem auswirken, daß er sich in einer Gemeinschaft, in der nicht absolute Ordnung herrscht, nicht mehr wohl fühlt und er dadurch zum zurückgezogenen Einsiedler wird.

Um solch eine Außenseiterposition zu vermeiden, ist es ratsam zu lernen, nicht alles so eng zu sehen und jedem Staubkorn hinterherzufegen. Die Kunst für ihn besteht darin, sein ordnungsliebendes Naturell positiv zu nutzen und nicht zum Tyrannen seiner Umwelt zu werden.

Der Erd-Typ ist wie geschaffen dazu, zerfahrene Menschen, bei denen chaotische Verhältnisse herrschen, zu einem geordneten Leben anzuleiten. Er kann ihnen zeigen, wie wohltuend es für die strapazierten Nerven ist, wenn innen wie außen eine gewisse Ordnung waltet. Diesbezüglich bietet sich der Aufgabenbereich des Therapeuten, Yoga- oder Meditationslehrers für den bodenständigen Erd-Typ an, der den Menschen aufzeigt, welche Vorteile es hat, seine Gedanken zu ordnen und dadurch dem Geist zu Klarheit zu verhelfen.

Die Ordnungsliebe des Erd-Typs verleitet seine Mitmenschen natürlich auch dazu, sie auszunutzen: So weiß ich von einem Ordnungsliebenden, dessen erste Tat morgens im Büro war, die überfüllten Papierkörbe und Aschenbecher auszuleeren und damit für die ihm wichtige Ordnung im Büro zu sorgen. Mit der Zeit verließen sich seine Kollegen auf seinen Ordnungsdrang und räumten selbst nicht mehr auf. Er unterstützte damit die Faulheit seiner Mitarbeiter, was ja schließlich nicht Sinn der Sache war.

Mein Appell an die ordnungsliebenden Erd-Temperamente: Haben Sie etwas Geduld mit Ihren nicht ganz so peniblen Mitmenschen und nehmen Sie diesen nicht die ganze Arbeit ab!

Die geliebten Rituale

Die vom Element Erde geprägten Temperamente neigen ebenfalls dazu, bestimmte Rituale in ihr Leben zu integrieren. Wie Sie gelesen haben, bedeutet dem Erd-Typ Stetigkeit und Rhythmus in seinem Leben sehr viel. Er macht aus seinen Angewohnheiten oft ein Ritual, das es nicht zu stören oder zu unterbrechen gilt.

Dieser Lebensstil birgt natürlich eine gewisse Gefahr. Wenn das Erd-Naturell einmal in der Ausübung seines täglichen Pflichtprogramms gestört wird oder dieses ganz entfällt, dann ist die gute Laune dahin und die Welt buchstäblich nicht mehr in Ordnung. Nehmen wir an, der Erd-Typ hält schon seit Jahren pünktlich um 14.00 Uhr seinen Mittagsschlaf und just in dieser Zeit klingelt es eines Tages an der Haustür, vor der sich unangemeldeter Besuch eingefunden hat. Gehen wir weiter davon aus, daß der Erd-Typ die Tür öffnet (was in dieser »heiligen« Zeit nicht unbedingt selbstverständlich ist) und den Besuch einläßt, so ist das Schlimmste, was im Leben eines Erd-Temperaments geschehen kann, eingetreten – der Mittagsschlaf fällt aus. Ist das Erd-Element bei unserem Freund sehr stark ausgeprägt, so wird dieser Tag nicht mehr zu retten sein. Damit solche Vorkommnisse wie überraschender Besuch nicht allzu gravierende Spuren hinterlassen, ist es empfehlenswert, öfters einmal den »Notfall« zu proben und gewohnte Rituale wie den alltäglichen Mittagsschlaf, den Kaffee am Morgen oder das regelmäßige Bad am Freitagabend ausfallen zu lassen. Wenn das eine Krise heraufbeschwört, so sollten Sie an sich arbeiten, denn es ist zwar (besonders für das Erd-Temperament) wichtig, Rituale zu pflegen, man sollte sich aber andererseits auch nicht abhängig von ihnen machen.

Durch ein gezieltes Routine-Unterbrechungs-Training können Sie entsprechendes »Krisenverhalten« üben bzw. allmählich derartige Krisen ganz vermeiden.

Denn wer sich rechtzeitgig seinen unerlösten Eigenschaften widmet und an deren Auflösung arbeitet, benötigt keine Zurechtweisung durch das Schicksal in Form von »unangenehmen« Erlebnissen!

Rezepte und praktische Tips

Die vier Temperamente in der Familie

Wie verhält es sich bei einer Familie, in der alle vier Temperamente vertreten sind? Müssen dann auch vier verschiedene Gerichte gekocht werden? Keine Angst, die praktische Umsetzung der Ernährung nach dem Konstitutionstyp ist nicht so kompliziert, wie es zunächst den Anschein hat. Es reicht bei der temperamentbezogenen Ernährung vollkommen aus, auf einige kleine Details zu achten.

Empfehlenswert ist, die einzelnen Gänge eines Menüs temperamentgemäß zu gewichten. So empfiehlt es sich für das Wasser-, Erd- und Feuer-Naturell, viel rohes Gemüse als Vorspeise zu essen, da es den Appetit dämpft sowie kühlend und leichtigkeitsfördernd wirkt.

Dem leicht fröstelnden und verdauungsschwachen Luft-Typ dagegen ist (besonders im Winter) anzuraten, die Mahlzeit mit einer warmen Suppe zu beginnen. Dies gilt in der kalten Jahreszeit auch für den kreislaufschwachen Wasser-Typ. Der Luft-Typ könnte begleitend zur Suppe eine Scheibe Brot mit Butter und/oder etwas Nußmus essen, da beides besonders nahrhaft für das Leichtgewicht ist. Das Luft-Naturell kann sich natürlich auch an der Salatplatte beteiligen, aber nicht in den Mengen, wie es für die anderen drei Temperamente ratsam ist.

Als Grundlage bietet sich für das Hauptgericht eine mäßig gewürzte Speise an, die jedes Temperament individuell nachwürzen kann.

Dementsprechend sollten beispielsweise bei einem Gemüseauflauf verschiedene frische (oder im Winter getrocknete) Kräuter, Salz, Sojasauce und Gewürze zur freien Verfügung auf dem Tisch stehen. Für das Luft-Temperament ist es nicht ratsam, zu scharfe Gewürze (Curry, Cayenne, Meerrettich), sondern eher wärmende Kräuter (Oregano, Majoran, Thymian) zu verwenden.

Der Feuer-Typ sollte weitestgehend auf scharfe, anregende Würzmittel und auch auf Salz verzichten.

Für den Wasser- und Erd-Typ bietet sich dagegen (zur Anregung) an, auf scharfe und wärmende Gewürze und Kräuter zurückzugreifen.

Der leichtgewichtige Luft-Typ könnte die Hauptspeise (z. B. ein Getreidegericht) zusätzlich mit Butter, geraspeltem Käse oder gerösteten Sonnenblumenkernen abrunden.

Diese (schwerefördernden) Ergänzungen sind dagegen für die beleibten Wasser- und Erd-Typen und den zur Völlerei neigenden Feuer-Typ nicht so sehr geeignet. Für sie ist es eher ratsam, zu Beginn des Essens (als Appetitbremse) ein Gläschen Wasser zu trinken.

Als Nachspeise eignet sich für den Feuer- und den Luft-Typ (zur Beruhigung) ein süßes Dessert.

Für den Erd- und Wasser-Typ empfiehlt sich (leichtigkeitsförderndes) Obst (wie z. B. Äpfel, Birnen, Aprikosen, Kirschen oder süßes Beerenobst) als Nachspeise.

Die *Zwischenmahlzeiten* können ebenso temperamentmäßig gestaltet werden: ein trockenes Knäckebrot mit etwas Butter für den Wasser-Typ; einen Joghurt (eventuell mit etwas selbstgemachter Marmelade gesüßt) oder Quark (z. B. mit Kräutersalz, Paprika und Dill gewürzt) für den Luft-Typ. Knackiges Gemüse (Karotte, Kohlrabi, Sellerie) eignet sich für das Feuer-Naturell, und »lösendes« Obst (Aprikosen, reife Äpfel und Birnen) für den Erd-Typ.

Für die leicht fröstelnden (Wasser- und Luft-)Temperamente empfehlen sich zwischen den Hauptmahlzeiten wärmende Blüten- und Früchte-Tees mit etwas Honig gesüßt (besonders im Winter), z. B. aus Malve, Hagebutte oder Jasmin. Diese sind auch für das starre Erd-Temperament zum täglichen Genuß gut geeignet.

Zum *Frühstück* bietet sich für das Feuer-Temperament (bißfestes, kühlendes) Obst an (z. B. ein knackiger Apfel).

Auch für das Erd- und Wasser-Naturell empfiehlt sich Obst zum Frühstück, allerdings nur in der warmen Jahreszeit. Im Winter ist es für sie ratsamer, eine warme Suppe oder einen wärmenden Getreidebrei aus Hafer(flocken), Hirse oder Gerste zu essen.

Dem Luft-Typ ist der Obstverzehr am Morgen zu leicht und kalt. Für ihn eignen sich die besagten Getreidebreie (auch als Waffeln genossen) oder eine herzhafte Suppe (z. B. mit Sojasauce oder Miso [Würzsojapaste] gewürzt). Als wärmende Getränke bieten sich am Vormittag Früchtetee, Getreidekaffee oder warme Frucht- oder Gemüsesäfte an.

Das *Abendessen* kann mengenmäßig individuell ausfallen. Es gibt Menschen, die morgens einen Heißhunger haben und abends dagegen wenig essen. Andere dagegen können am Vormittag nur wenig verzehren, sie essen dann nur geringe Mengen oder fasten lieber und nehmen dafür wiederum mittags mehr zu sich.

Auch der mengenmäßige Anteil der Nahrung ist also bei jedem Menschen unterschiedlich. Lassen Sie sich nicht von den verschiedenen wissenschaftlichen Erkenntnissen beeinflussen, die genau sagen, wieviel Sie im Laufe des Tages zu essen haben. Richten Sie sich nach Ihrem eigenen Appetit.

Wenn Sie morgens ein guter Esser sind, dann essen Sie morgens großzügiger. Speisen Sie lieber mittags ausgiebiger und morgens weniger, so hat auch dies seine Berechtigung.

Gehen Sie daher beim Abendessen (wie auch bei allen anderen Mahlzeiten) ganz nach Ihrer inneren Stimme. Das heißt natürlich nicht, daß vor dem Fernseher reichlich Salzstangen, Erdnüsse und andere Snacks genossen werden, während die Abendmahlzeit mit einer Scheibe Knäcke nur spärlich ausfällt. Auch hier ist es die Kunst, zwischen der Inneren Stimme und Gelüsten zu unterscheiden! Besonders die Wasser-Temperamente unterliegen oft und gern ihrem Verlangen nach Süßigkeiten und Snacks und fragen sich dann, wie es kommt, daß sie Tag für Tag immer mehr an Umfang zulegen.

Übertreiben Sie es beim Abendessen nicht, aber essen Sie auch nicht zu wenig, so daß sie am späten Abend noch Heißhunger bekommen. Für die beleibten Temperamente empfiehlt es sich, bei der Abendmahlzeit – falls sie danach keinen Sport mehr treiben – etwas zurückhaltender als z. B. die verdauungsaktiven Feuer-Typen. Für alle Temperamente ist es ratsam, abends nicht mehr zuviel tierisches Eiweiß und stark gewürzte Speisen zu sich zu nehmen, da diese von anregender Wirkung sind, was wiederum einem tiefen, erholsamen Schlaf nicht zuträglich ist.

Für alle vier Konstitutionen ist es allgemein wichtig, die Lebensmittel nicht frisch aus dem Kühlschrank zu genießen, da kühlende Speisen auf längerer Sicht jedes Verdauungssystem überfordern.

Alle vier Temperamente sollten auch darauf achten, ihr Essen so lange und so gut wie möglich zu kauen. Wie gesagt: Die Vorverdauung findet schon im Mund und nicht erst im Magen statt!

Der soziale Grundgedanke

Vor lauter Temperament-Differenzierung darf nicht vergessen werden, daß das Einnehmen einer Mahlzeit nicht nur zur Sättigung und Nährstoffbedarfsdeckung, sondern auch zum sozialen Austausch sehr wichtig ist. Sinn der Sache ist es nicht, unterschiedliche Speisen zu sich zu nehmen, sondern *gemeinsam* zu kochen und zu essen und sich währenddessen auszutauschen oder gegebenenfalls auch einmal zusammen während der Mahlzeit zu schweigen. Die soziale Komponente ist für die Gesundheit des Menschen sehr bedeutend und sollte daher nicht vernachlässigt werden!

Rezeptanregungen für die vier Temperamente

Es folgen nun Rezeptanregungen für die einzelnen Temperamente; sie sollten allerdings nicht zu engstirnig befolgt werden. Das heißt, daß ein Rezept für den Wasser-Typ auch von einem anderen Temperament ausprobiert werden kann. Die Rezeptvorschläge dienen lediglich dazu, eine Vorstellung davon zu bekommen, wie »Ernährung nach Konstitution« für die einzelnen Temperamente praktisch umgesetzt werden kann.

Die Rezepte sind für jeweils vier Personen berechnet.

DAS FEUER-TEMPERAMENT

Salatplatte mit Kichererbsenkeimlingen

1 Lollo Rosso
2 Karotten
1 Kohlrabi
4 Paprika
½ Gurke
5 EL Kichererbsenkeimlinge

Dressing:
400 g Joghurt
2–3 EL Zitrone
4 EL Sonnenblumenöl
nach Geschmack Salz, Gewürze und frische Kräuter (Löwenzahn, Dill, Brennessel, Borretsch, Bitterklee), gehackt

Salat und Gemüse waschen bzw. schälen, Salatblätter auf vier Teller verteilen. Gemüse raspeln bzw. kleinschneiden und ebenfalls auf den Tellern anrichten. Dressing mischen und über den Salat träufeln. Auf den angemachten Salat dann die gehackten, frischen Kräuter streuen.

Anmerkung: Da Gewürze und Kräuter tendenziell erhitzend wirken, sollte der Feuer-Typ damit sparsam umgehen. Ausnahmen bilden zusammenziehende, süße und bittere Kräuter und Gewürze wie die im Rezept empfohlenen sowie Koriander, Curcuma, Kardamom, Zimt (beruhigt Nerven und gereizten Magen), Safran (wirkt beruhigend und verdauungsanregend) und in geringen Mengen auch Pfeffer und Cumin. Da Salz den Feuer-Typ noch mehr anheizt, empfiehlt sich ein sparsamer Gebrauch; statt dessen sollte man die erwähnten Kräuter und Gewürze verwenden.

Zucchini-Creme-Suppe

300 g Zucchini
2 Kartoffeln
etwas Gemüsebrüheextrakt, Kräutersalz, Kräuter
100g Sahne, steif geschlagen

Zucchini und Kartoffeln säubern, kleinschneiden und in wenig Wasser weichkochen, anschließend pürieren; mit Wasser aufgießen, bis die gewünschte Konsistenz erreicht ist. Suppe nochmals erwärmen, abschmekken, in Teller verteilen und jeweils mit einer Sahnehaube krönen.

Anmerkung: Auch Feuer-Temperamente dürfen Suppe essen! Besonders in der kalten Jahreszeit tut dem feurigen Typ eine warme Suppe gut. Sie sollte allerdings mild gewürzt sein.

Kartoffelbrei mit Champignon-Sauce

Kartoffelbrei:
800 g Pellkartoffeln, gekocht
300 ml Milch
etwas Gelbwurz, Gemüsebrüheextrakt, Kräutersalz
1–2 EL Butter

Champignon-Sauce:
1 Zwiebel
500 g Champignons
1–2 EL Butter
1 Knoblauchzehe
etwas Gemüsebrüheextrakt, Sojasauce, Pfeffer
etwas Zitronensaft
400 ml Wasser
150 ml Schlagsahne

Die gekochten Pellkartoffeln schälen und zerdrücken, Milch mit einem Schneebesen unterrühren; Kartoffelbrei erwärmen, mit Gewürzen und Kräutern abschmecken und zuletzt die Butter unterziehen.

Zwiebel würfeln, Pilze kleinschneiden, Butter mit gepreßter Knoblauchzehe erhitzen und Zwiebelwürfel zugeben, nach einigen Minuten die Pilze mitschmoren lassen. Warme Flüssigkeit (Gemüsebrühe) zugießen und zugedeckt 5–10 Minuten köcheln lassen. Sauce pürieren, bei Bedarf (wenige) feine Haferflocken zum Andicken zugeben. Abschmecken und zum Schluß steife Sahne unterheben.

Getreideröstis

80 g Gerste, grob gemahlen
120 g Dinkel, grob gemahlen
380 ml Wasser
2 Lorbeerblätter
100 g Gemüse (z. B. Karotten)
1½ EL Gemüsebrüheextrakt
½–1 TL Kräutersalz
2 Messerspitzen Curcuma
1 EL getrocknete Kräuter (z. B. Thymian, Majoran)
1 Ei
4–5 EL Reisflocken

Gemahlene(n) Gerste und Dinkel in Wasser aufkochen, Lorbeerblätter während des Kochens zufügen; Gemüse fein raspeln und zur Getreidemasse zufügen, etwa 20 Minuten ausquellen lassen und mit Gemüsebrüheextrakt, Kräutersalz, Curcuma und Kräutern abschmecken und abkühlen lassen; dann Ei und Reisflocken zufügen (es sollte eine formbare Masse entstehen). Etwas ungehärtetes Kokosfett in einer Pfanne erhitzen und pro Rösti jeweils 1 Eßlöffel Teig hineingeben, flachdrücken und backen.

Kichererbsenaufstrich

100 g Kichererbsen
etwas Wasser
etwas schwarzer Pfeffer, Curcuma, Kräutersalz
1 Knoblauchzehe, kleingeraspelt
etwas Butter

Kichererbsen mit Wasser bedeckt einige Stunden einweichen, anschließend ca. 30 Minuten kochen; weiche Kichererbsen mit etwas Flüssigkeit pürieren und mit Gewürzen sowie kleingeraspelter Knoblauchzehe – in Butter gebraten – abschmecken.

Carob-Milch

400 ml Milch
400 g Birnen, geschält
2–3 TL Carob
Ahornsirup und Zimt nach Geschmack

Alle Zutaten pürieren und in vier Gläser verteilen.

Carob-Creme

80 g Weizen oder Dinkel, gemahlen
1 EL Carob
¼ TL Zimt
400 ml Wasser
1 Messerspitze Vanille
3 EL Ahornsirup
100 ml Sahne
2 EL Nüsse oder Sonnenblumenkerne, gehackt

Mehl, Carob, Zimt und Wasser zu einem dicken Brei verkochen (öfters umrühren!), Vanille und Ahornsirup zufügen; die Creme abkühlen lassen. Sahne steif schlagen und unterziehen. Pudding in vier Schälchen verteilen und mit den gehackten Nüssen bzw. Sonnenblumenkernen bestreuen.

Anmerkung: Die Carob-Creme und der Carob-Milchshake sind aufgrund ihrer Süße sehr gut zur Beruhigung des Feuer-Typs geeignet, der ähnlich wie der Wasser-Typ einen Hang zu Süßigkeiten hat. Es ist bewußt Carob und nicht Kakao angegeben worden, da Kakao zu anregend auf dieses Temperament wirkt.

Carob wird übrigens aus den Früchten des Johannisbrotbaumes gewonnen, die keine anregenden Substanzen enthalten

Malvenpunsch

1 l Malventee
1 l Orangensaft
2 Orangen
Ahornsirup nach Geschmack

Malventee zubereiten, abseihen und zusammen mit Orangensaft erwärmen. Orangen schälen, in Stücke schneiden und dazugeben. Vor dem Servieren (je nach Geschmack heiß oder kalt) mit etwas Ahornsirup süßen.

Marrakesch-Express

1 Flasche roter Traubensaft
2 Flaschen stilles Mineralwasser
Zitronensaft nach Geschmack

Saft und Wasser mischen, Zitronensaft zufügen. Getränk mit Eiswürfeln servieren. Dieses Getränk ist besonders im Sommer sehr erfrischend!

Anmerkung: Da alkoholische Getränke das Feuer-Element stören, seien dem Feuer-Typ als Alternative diese beiden alkoholfreien Getränke empfohlen, die obendrein von kühlender und erfrischender Wirkung sind.

DAS WASSER-TEMPERAMENT

Kartoffelsuppe

250 g Kartoffeln
2 Gemüsebrühwürfel
1 l Wasser
1 Lorbeerblatt

Kartoffeln in Würfeln schneiden; Gemüsebrühwürfel in Wasser mit dem Lorbeerblatt erwärmen, Kartoffeln zur Brühe geben und ca. 15–20 Minuten kochen. Dann das Lorbeerblatt entfernen, Kräuter (Majoran, Thymian), Kräutersalz oder Shoyu dazugeben. Falls gewünscht, kann die Suppe püriert werden (eventuell, je nach Konsistenz, noch Wasser zugeben).

Anmerkung: Diese Kartoffelsuppe tut mit ihren wärmenden Gewürzen dem Wasser-Temperament besonders in der kalten Jahreszeit gut. Sie ist übrigens auch sehr gut für den fröstelnden Luft-Typ geeignet, nicht zuletzt, um ihn über die Erdäpfel auf den Boden der Tatsachen zu holen.

Obstsalat

800g gemischtes Obst
½ EL Sesamöl
½ EL Wasser
½ EL Honig
4 EL Sonnenblumenkerne
Saft von 1 Zitrone
1–2 EL Blütenhonig

Das gemischte Obst (im Sommer z. B. Beerenobst, Aprikosen, Pfirsiche, Melone; im Winter z. B. Äpfel, Birnen, Bananen, getr. Aprikosen) klein schneiden; Sesamöl, Wasser und Honig in eine Pfanne geben und erhitzen, Sonnenblumenkerne hinzugeben und anrösten, bis es aromatisch duftet und über den Obstsalat streuen. Den Saft einer Zitrone mit Blütenhonig vermengen und ebenfalls über den Obstsalat geben.

Anmerkung: Das Besondere an dieser Obstspeise ist, daß sie sich, neben ihrer leichtigkeitsfördernden Wirkung, durch die angerösteten Sonnenblumenkerne auch positiv auf den Wärmehaushalt auswirkt.

Zwiebel-Pilz-Risotto

300 g Voll-Basmati-Reis
600 ml Gemüsebrühe
2–3 Zwiebeln
400 g Champignons
2 EL weiche Butter
1 Knoblauchzehe, gepreßt
etwas Kräutersalz, Curry, Cayennepfeffer und (möglichst frisches) Basilikum
100 g Hartkäse (30 % Fett), gerieben
50 g Sesam, trocken geröstet

Den Voll-Basmati-Reis einige Stunden in der Gemüsebrühe einweichen, anschließend aufkochen und etwa 35 bis 40 Minuten auf kleiner Stufe ausquellen lassen; inzwischen Zwiebeln schälen und würfeln, Champignons waschen, in Scheiben schneiden.

Butter mit der gepreßten Knoblauchzehe vermengen, Knoblauchbutter in einer Pfanne (nicht zu stark) erhitzen, Zwiebelwürfel zugeben, 5 Minuten schmoren lassen, anschließend Champignonscheiben zufügen und mitbraten. Gemüse unter den garen Basmati-Reis mengen, Risotto mit Kräutersalz, Gewürzen und Kräuter abschmecken; zum Schluß den geriebenen Hartkäse und den trocken gerösteten Sesam darüberstreuen. Das Risotto nochmals 5 Minuten durchziehen lassen, bis der Käse geschmolzen ist.

Anmerkung: Der Voll-Basmati-Reis ist für den Wasser-Typ dem herkömmlichen Voll-Reis vorzuziehen, weil dieser von der Wirkung her leichter ist. Die feurigen Gewürze sind besonders gezielt in der feuchtkalten Winterzeit zu verwenden. Mit dem Kräutersalz ist sparsam umzugehen, weil es das Wasser-Element im Körper noch verstärkt. Der Käse sollte, passend zum Wasser-Temperament, wenig Fett enthalten.

Ko-Ka-Salat

2 Kohlrabi
4–6 Karotten

Dressing:
150 g Joghurt
1–2 EL Zitronensaft, frisch gepreßt
2 EL kaltgepreßtes Sesamöl
1 TL Kräutersalz
1 Prise Muskat
frische oder getrocknete Kräuter nach Belieben

Alle Zutaten des Dressings vermengen. Kohlrabi und Karotten raspeln und mit dem Joghurtdressing vermischen.

Chicorée-Salat (für 1 Person)

100 g Chicorée
½ rote Paprikaschote

Dressing:
125 g Magerquark
etwas Flüssigkeit (Milch oder Wasser)
2 TL kaltgepreßtes Mandelöl
1 TL Zitronensaft, frisch gepreßt
Kräuter und Gewürze nach Wahl (z. B. Kümmel, schwarzer Pfeffer, Thymian, Majoran)

Chicorée in der Mitte (längs) auseinanderschneiden und waschen, in dünne Ringe schneiden; Paprika waschen und würfeln. Magerquark mit Flüssigkeit cremig rühren. Das Mandelöl und den Zitronensaft dazugeben, mit Kräutern und Gewürzen abschmecken und als Dressing über den Chicorée geben.

Anmerkung: Chicorée ist aufgrund seines bitteren Geschmacks und der damit verbundenen fettreduzierenden, trocknenden und leichtigkeitsfördernden Wirkung besonders für die Ernährung des Wasser-Typs geeignet. So gut wie alle Gewürze und Kräuter wirken wärmend und eignen sich daher besonders für dieses schnell fröstelnde Temperament. Besonders empfehlenswert für diesen Salat sind der Kümmel (mit seiner verdauungsfördernden Wirkung) und der schwarze Pfeffer, der ebenfalls die Verdauung stärkt, darüber hinaus aber auch die Entwässerung des Körpers anregt.

Gesäuerte Milchprodukte, also auch der Magerquark, sind nur in geringem Maß für das Wasser-Temperament geeignet, da diese Verschleimungen im Körper begünstigen und auch schwerefördernd sind. Daher ist die Quarkempfehlung in diesem Rezept für den Wasser-Typus auch nur zum Genießen und nicht für den täglichen Verzehr gedacht.

Haferauflauf

300 g Hafer
600 ml Wasser
500 g Gemüse (z. B. Zwiebeln, Erbsen, Blumenkohl, Karotten)
etwas Kräutersalz, Majoran und Gemüsebrühe nach Geschmack
50 g milder Gouda, gerieben
2–3 EL Kürbiskerne

Den Hafer einige Stunden in Wasser einweichen, aufkochen, das Gemüse zugeben und das Ganze etwa 20 Minuten auf kleiner Stufe quellen lassen und mit Kräutersalz, Majoran und Gemüsebrühe abschmecken; zum Schluß den geriebenen Gouda zugeben und nochmal durchziehen lassen, bis der Käse geschmolzen ist; ganz zum Schluß Kürbiskerne in der Bratpfanne trocken anrösten und über den Auflauf streuen.

Anmerkung: Hafer ist aufgrund seiner wärmenden und anfeuernden Wirkung sehr gut für das Wasser-Temperament geeignet. Da Nüsse an die schwache Verdauung des Wasser-Typs zu hohe Anforderungen stellen und außerdem beschwerend wirken, sind sie nur in sehr geringem Maß für dieses Temperament zu empfehlen. Eine Alternative sind geröstete Kürbis- oder auch Sonnenblumenkerne, die von leichterer Wirkung sind. Da Käse ebenfalls beschwerend wirkt, ist es für das Wasser-Naturell angeraten, sparsam damit umzugehen. Der in diesem Rezept empfohlene Gouda ist zum bewußten Genießen gedacht, kann aber auch (und dies gilt besonders für die wohlbeleibten Naturen) weggelassen werden.

Übrigens ist Ziegenkäse von der Wirkung her leichter einzustufen als Kuhkäse. Dieser eignet sich eher für den Salat oder als Brotauflage, nicht zum Überbacken.

Göttertraum

½ l Fruchtsaft (z. B. Himbeersaft)
nach Belieben etwas Honig
1 TL Agar Agar
200 g Magerquark
etwas Mineralwasser oder Saft, nach Geschmack Honig
100 g Obst, klein geschnitten
100 g Sahne, steif geschlagen

Fruchtsaft, Honig und Agar Agar mit dem Schneebesen verrühren, aufkochen, etwas abkühlen lassen. Den Saft in sechs Gläser gießen; abkühlen lassen. Die Agar-Masse wird erst fest, wenn sie vollkommen abgekühlt ist. Inzwischen den Magerquark mit Mineralwasser oder Saft und, nach Geschmack, mit Honig, cremig rühren. Das kleingeschnittene Obst zufügen und die steif geschlagene Sahne unterziehen. Masse auf die festgewordene Fruchtsaftmasse verteilen und mit einer Nuß verzieren.

Ingwer-Tee

½ l Wasser
1 frisches Stück Ingwer, kleingeraspelt

Das Wasser aufkochen, den kleingeraspelten Ingwer dazugeben, ca. 5 Min. ziehen lassen, abseihen und servieren.

Anmerkung: Der Ingwer ist das Gewürz, das auf das Wasser-Temperament am harmonisierendsten wirkt. Besonders für Menschen, die leicht frieren und deren Kreislauf nicht stabil ist, empfiehlt es sich, morgens nach dem Aufstehen eine Tasse Ingwer-Tee zu trinken. Auch bei Verschleimung und Erkältungen bewirkt Ingwer-Tee wahre Wunder.

DAS LUFT-TEMPERAMENT

Nudeln mit Pesto

500 g Vollkornnudeln

Pesto:
1 Bund Petersilie
4 Bund Basilikum
50 g Parmesan (oder Emmentaler), gerieben
50 g Pinienkerne
5 EL Olivenöl
1 Knoblauchzehe, etwas Kräutersalz

Die Vollkornnudeln nach Packungsanweisung kochen. Inzwischen Pesto zubereiten: Kräuter waschen, fein hacken und mit den restlichen Zutaten zu einer cremigen Masse mixen und abschmecken. Pesto in einen angewärmten Topf geben und die garen Nudeln darin wenden.

Anmerkung: Dem Luft-Temperament besonders ans Herz zu legende Zutaten des Pesto sind der Knoblauch mit seiner verdauungsanregenden sowie schwere- und geschmeidigkeitsfördernden Wirkung und das Basilikum, das ebenfalls verdauungsstärkend sich darüber hinaus aber auch harmonisierend auf das (beim Luft-Typ oft gereizte) Nervensystem auswirkt.

Feldsalat mit Mandelmus-Dressing

200 g Feldsalat

Dressing:
2 EL Mandelmus
½ EL Zitronensaft
1 TL Kräutersalz
5 EL Wasser
1½ TL Sojasauce (Shoyu)

Den Feldsalat putzen und das Dressing aus den angegebenen Zutaten unterheben.

Anmerkung: Daß ein Salat nicht unbedingt nur von leichtigkeitsfördernder Wirkung sein muß, zeigt dieser Feldsalat, dessen Dressing durch Mandelmus und Shoyu beschwerend, wärmend und beruhigend wirkt.

Zucchini im Mantel

1 große Zucchini
1 Ei
etwas Kräutersalz, Vollkornbrösel oder Sesam
ungehärtetes Kokosfett oder Olivenöl zum Anbraten

Zucchini in 0,5 cm dicke Scheiben schneiden. Das Ei verquirlen. Einen Teller mit Sesam oder Bröseln bestreuen. Zucchinischeiben mit Kräutersalz bestreuen, im Ei und danach in Sesam wenden. Zucchinischeiben beidseitig goldgelb in Kokosfett oder Olivenöl anbraten.

Grünkern-Frikadellen – exotisch

300 g Grünkern, grob geschrotet
600 ml Wasser
1 Zwiebel
1 EL Gemüsebrüheextrakt
etwas Majoran, Salz, Sojasauce
2–3 El Sonnenblumenkerne
etwas ungehärtetes Kokosfett
12 Scheiben süße Ananas
12 Scheiben milder Käse

Den geschroteten Grünkern in Wasser aufkochen, inzwischen die Zwiebel würfeln und dazugeben; das Gemüsebrüheextrakt unterrühren, Masse ca.

10 Minuten ausquellen lassen, mit Majoran, Salz und Sojasauce abschmekken; Sonnenblumenkerne unterrühren, das Kokosfett in einer Pfanne erhitzen, mit nassen Händen flache Frikadellen formen und von beiden Seiten anbraten; die Ananasscheiben auf ein Backblech legen, Grünkernfrikadellen darauflegen, die Käsescheiben darauf verteilen und etwa 15 Minuten im vorgeheizten Backofen überbacken.

Variante: Grünkern-Frikadellen bekommen noch eine besondere Geschmacksnote, wenn Sie dem Grundrezept folgendes hinzufügen:

1 Zwiebel
etwas ungehärtetes Kokosfett
1 EL Majoran

Die Zwiebel würfeln und in Kokosfett anbraten, Majoran ins heiße (!) Fett geben.

Ingwer-Shake

560 ml Milch
3 TL Mandelmus
ca. 240 g Banane
Ingwer nach Geschmack, frisch geraspelt

Alle Zutaten pürieren.

Anmerkung: Dieser Milch-Shake ist ideal für das Luft-Temperament, da Mandelmus beschwerend, die Banane gegen Trockenheit und der Ingwer wärmend wirkt. Die Milch vermittelt dem Körper eine gewisse Schwere und Geschmeidigkeit.

Energiebällchen

4 Feigen
100 g Sonnenblumenkerne
50 g Kokosflocken
2 EL Ahornsirup (oder ca. 1 EL Honig)
nach Wunsch Zimt

Die Feigen ca. 12 Stunden in Wasser einweichen, kleinschneiden; die Sonnenblumenkerne anrösten. Alle Zutaten (mit Ausnahme der Kokosflocken) mixen. Aus der Masse mit einem Teelöffel Bällchen formen und in den Kokosflocken wälzen.

Anmerkung: Diese Kalorienbombe ist wie geschaffen dafür, dem leichtgewichtigen Luft-Typ eine gewisse (seelische und körperliche) Schwere zu vermitteln. Da die Energiebällchen vor Süße nur so strotzen, eignen sie sich vorzüglich zur Beruhigung der strapazierten (Luft-)Nerven.

DAS ERD-TEMPERAMENT

Krautsalat mit Pfiff

½ Krautkopf
Dressing:
5 EL Mandelöl (oder Distelöl)
ca. 1–2 EL Zitronensaft, frisch gepreßt
1 flacher TL Kräutersalz
1–2 Messerspitzen Kreuzkümmel
2–3 EL Sonnenblumenkerne

Den Krautkopf halbieren, waschen und sehr fein hobeln, das gehobelte Kraut mit dem Dressing vermischen. Sonnenblumenkerne in der Bratpfanne trocken anrösten und über den Salat geben. Krautsalat schmeckt am besten, wenn er einige Stunden durchgezogen ist!

Andalusische Kichererbsen-Suppe

200 g Kichererbsen
120 g Kartoffeln, gekocht
ca. ½ Zitrone
ca. 2½ EL Gemüsebrühe
ca. 1 TL Kräutersalz
800 ml Wasser

Die Kichererbsen mit Wasser bedecken und 6–8 Stunden darin einweichen. Danach ca. 40–50 Minuten kochen; mit etwas Wasser pürieren; die gekochten Kartoffeln mitpürieren, den Saft einer halben Zitrone zugeben. Mit Gemüsebrühe und Kräutersalz abschmecken, Wasser hinzugeben und nochmals abschmecken.

Euphrat und Tigris

1 Zwiebel
½ Apfel
75 g ungehärtetes Kokosfett
3 TL Gemüsebrühe, gekörnt
½ TL Kräutersalz
6 EL Sonnenblumenöl

Die Zwiebel fein gewürfelt in Kokosfett anbraten, von der Flamme nehmen. Wenn die Pfanne etwas abgekühlt ist: Kokosfett zugeben, schmelzen lassen, gut verrühren und abkühlen lassen. Die gekörnte Gemüsebrühe gut unterrühren, das Kräutersalz zugeben, kühl stellen. Sonnenblumenöl untermengen und den Aufstrich wieder in den Kühlschrank stellen. Während des Abkühlens Masse noch mehrmals umrühren.

Anmerkung: Der Erd-Typ liebt es deftig. Daß es auch herzhafte vegetarische Alternativen zu Wurst oder Schinken gibt, zeigt dieses Rezept. »Euphrat und Tigris« ist von der Wirkung her leichter als Wurst oder Schinken und übt darüber hinaus auch eine anregende und wärmende Wirkung aus.

Hirseauflauf mit Knoblauch

250 g Hirse
500 ml Wasser
1 Lorbeerblatt
400 g Gemüse der Saison (z. B. Blumenkohl, Paprika, Erbsen, Karotten)
1–2 Knoblauchzehen
etwas Butter
200 g saure Sahne
etwas Kräutersalz, Kreuzkümmel, Gelbwurz, frische oder getrocknete Kräuter (Schnittlauch, Majoran, Oregano, Thymian)

Die Hirse über Nacht in Wasser einweichen. Dann das Lorbeerblatt zufügen und das Ganze aufkochen. Gemüse kleinschneiden und dazugeben (festeres Gemüse zuerst dazu!). Die Masse etwa 20 Minuten auf kleiner Stufe quellen lassen. In der Zwischenzeit den Knoblauch kleinraspeln und in wenig Butter anbraten. Zum Schluß die saure Sahne und den angebratenen Knoblauch unterziehen. Das Ganze mit Kräutersalz und Kräutern abschmecken.

Variante: Hirsemasse in eine Auflaufform geben, mit geriebenem Käse oder kleingehackten, angedünsteten Zwiebeln bestreuen und ca. 15 Minuten im Backofen überbacken.

Anmerkung: Die Hirse ist aufgrund ihrer wärmenden und leichtigkeitsfördernden Wirkung das ideale Getreide für den Erd-Typ (ebenso für das Wasser-Temperament). Die angegebenen Kräuter und Gewürze üben ebenfalls eine wärmende und auch anregende Wirkung auf das schwere, langsame Temperament aus.

Süße Buchweizen-Puffer

160 g Buchweizenmehl
40 g Dinkelmehl
350 ml Milch
½ TL Zimt
2 EL Honig
1 EL Butter
3 EL Kokosflocken
3 EL Sonnenblumenkerne
Rosinen nach Geschmack

Buchweizen- und Dinkelmehl, Milch, Zimt und Honig gut vermischen und unter ständigem Umrühren (am besten mit dem Schneebesen) aufkochen und zu einem dicken Brei einköcheln. Masse etwas abkühlen lassen, dann Butter, Kokosflocken, Sonnenblumenkerne und Rosinen unterrühren. Etwas ungehärtetes Kokosfett in der Pfanne erhitzen, mit einem nassen Löffel 1 Eßlöffel Teig in die Pfanne setzen, flachdrücken und Puffer von beiden Seiten backen. Dazu paßt besonders gut ein Apfelmus, das Sie nach folgendem Rezept zubereiten können:

Rohes Apfelmus

4 große Äpfel
etwas Zitronensaft
Zimt und Honig nach Geschmack

Äpfel vierteln, schälen, Kerngehäuse entfernen und fein reiben. Apfelmus mit etwas Zitronensaft beträufeln und mit Zimt und Honig abschmecken.
Anmerkung: Der Vorteil dieser süßen Puffer ist, daß sie aus Buchweizen hergestellt werden. Buchweizen wirkt leichtigkeitsfördernd und ist daher für das schwere Erd- (aber auch Wasser-)Temperament sehr passend. Das rohe Apfelmus hat – neben seiner leichten Wirkung – auch reinigende Kraft (was sehr positiv für das oft verschlackte Erd-Temperament ist).

Blumenkohl-Curry

1 Blumenkohl
1 große Zwiebel
1 Gemüsebrühwürfel

Sauce:
200 ml Buttermilch
Curry, Salz, Kreuzkümmel, Pfeffer nach Geschmack

Blumenkohl in wenig Wasser 10–15 Minuten unter Zugabe der gewürfelten Zwiebel und des Gemüsebrühwürfels dünsten. Eine Sauce aus den angegebenen Zutaten zubereiten, leicht erwärmen und zum Schluß über den Blumenkohl gießen.

Anmerkung: Alles Wärmende, Scharfe und Anregende wirkt harmonisierend auf das Erd-Naturell. Ein Blick auf die Gewürze macht verständlich, warum sich der Blumenkohl-Curry für den Erd-Typ so gut eignet. Blumenkohl wirkt außerdem wärmend und trocknend.

Aprikosen-Spritzgebäck

3 reife Aprikosen
70 g weiche Butter
1½ EL Honig
150 g Dinkelmehl
1 EL Zitronensaft
¼ TL Zimt

Aprikosen entkernen, kleinschneiden, zerdrücken oder pürieren. Butter und Honig cremig rühren, Zimt, Zitronensaft und Aprikosen zugeben, zuletzt Dinkelmehl unterrühren. Teig in eine Sahnespritze (mit weiter Öffnung) geben. Nach Belieben Zeichen oder Buchstaben auf ein gefettetes Blech spritzen. Bei 180° C 15–20 Minuten backen.

Anmerkung: Aprikosen als Obst oder auch in Form von Plätzchen vermitteln eine »verströmende« Leichtigkeit und sind daher bestens für das zum Verschließen neigende, schwere Erd-Temperament geeignet.

Rezepte zum Genießen

Wie schon kurz angesprochen wurde, dient unsere Nahrung nicht nur dazu, uns zu sättigen oder mit genügend Nährstoffen zu versorgen – wir dürfen sie auch genießen. Wenn Sie einmal in einer Phase stecken, in der Sie von ausgleichender und harmonisierender Ernährung nichts mehr hören können, sondern einfach nur genußvoll zugreifen möchten, dabei aber auch nicht ganz ins ungesunde Extrem schlagen wollen, dann bieten sich folgende Rezepte zum *Genießen* an:

Schwarzwälder Kirschtorte

Biskuitteig:
6–7 Eier (je nach Größe)
100 g Vollrohrzucker
1 EL Kakao
50 g gemahlene Nüsse
100 g Dinkel, fein gemahlen

Füllung:
Kirschsaft und Kirschlikör
½ l Sahne
ca. 2 EL Honig
750 g Kirschen
Schokostreusel

Eier trennen, Eiweiß steifschlagen. Eigelb mit Vollrohrzucker cremig rühren, danach Kakao unterrühren. Abwechselnd Eiweiß, Nüsse und Dinkelmehl unterheben. Teig in eine ausgefettete Springform (26 cm) geben und ca. 30 Minuten bei 170° C backen. Etwas abkühlen lassen, Kuchen mit einem Messer vom Rand und dem Formboden lösen. Biskuitboden umgekehrt auf eine Kuchenplatte stürzen und auskühlen lassen. Dann den Kuchenboden zweimal durchschneiden und alle drei Teigböden mit Saft und Likör tränken. Sahne und Honig steifschlagen. Die Hälfte der Kirschen auf den untersten Kuchenboden legen und mit einer Sahneschicht bedecken. Den zweiten Kuchenboden daraufsetzen und mit den restlichen Kirschen belegen. Nochmals Sahne darüberstreichen und den letzten Kuchenboden daraufsetzen. Die gesamte Torte mit Sahne bestreichen. Restliche Sahne zum Verzieren der Torte verwenden. Schokostreusel in die Mitte der Torte streuen.

Eierlikör

1 Vanillestange
650 ml Milch und Sahne (je die Hälfte)
220 g Akazienhonig
250 ml Weingeist
4–5 Eigelb (je nach Größe)

Vanillestange aufschneiden und das Mark herauskratzen. Vanille mit Milch-Sahne-Gemisch aufkochen, dann den Honig einrühren. Abkühlen lassen. Weingeist und Eigelb unterrühren. Eierlikör im Kühlschrank in einer verschlossenen Flasche aufbewahren.

Tiramisú

Biskuitteig:
5 Eier, getrennt
80 g Vollrohrzucker
100 g Dinkelmehl, fein gemahlen
Semmelbrösel oder Kokosstreusel

Tiramisú-Creme:
500 g Mascarpone
2 Eigelb
1½ –2 EL Honig
etwas Vanille
2 Eiweiß
½ Tasse sehr starker Kaffee
½ Tasse Mandellikör

Ein Backblech einfetten, mit Pergamentpapier auslegen und dieses ebenfalls einfetten. An der offenen Blechseite Rand hochfalzen. Eiweiß steifschlagen. Eigelb mit Vollrohrzucker cremig rühren. Abwechselnd Eischnee und Mehl unterheben. Teig gleichmäßig auf das Bacckblech streichen Etwa 10 Minuten bei 180° C backen (Backofen vorheizen!). Gebackenen Teigboden auf ein mit Semmelbröseln oder Kokosstreusel eingestreutes Tuch stürzen. Pergamentpapier abziehen.

Wichtig: Je frischer die Eier sind, desto lockerer wird der Teig!

Abgekühlten Teigboden passend für eine Auflaufform zurechtschneiden und diese mit dem Teig auslegen. Mit Kaffee und Mandellikör beträufeln. Die Hälfte der Crememasse auf dem Biskuit verteilen. Eine weitere Biskuitschicht auflegen, ebenfalls beträufeln und die restliche Creme darübergeben. Am besten über Nacht im Kühlschrank durchziehen lassen. Vor dem Servieren mit Kakao bestäuben. Statt den Eiern können auch 3–4 Eßlöffel saure Sahne unter die Mascarpone-Creme gerührt werden.

Amaretto-Zimt-Eis

1 Eiklar
250 ml Schlagsahne
1 Eigelb
1 EL Honig
1 EL Amaretto
1 TL Zimt

Das Eiklar steifschlagen, die Sahne steifschlagen; Eigelb mit Honig und Amaretto und Zimt cremig rühren. Sahne und Eiweiß unterheben und mindestens 4 Stunden gefrieren lassen.

Knabbernuß

200 g Nüsse oder Mandeln
1½ EL Sojasauce (Shoyu)

Die Nüsse oder Mandeln in einer Pfanne trocken anrösten, bis es duftet; anschließend Nüsse in ein Schälchen geben und mit der Sojasauce beträufeln und verühren.

Anmerkung: »Knabbernuß« ist eine gute Alternative zu Chips, Salzstangen und ähnlichen Snacks.

Anstelle eines Nachworts

Die redselige Biene

Es fing im Grunde an einem ganz normalen, sonntäglichen Morgen an. Bis zum Frühstück war es noch etwas Zeit, und so machte ich mich zu einen kleinen Spaziergang durch den nahegelegenen Wald auf. Die Sonne strahlte zwischen den Bäumen hindurch, die Luft war rein und klar, die Bienen summten gemütlich umher – kurzum: Es herrschte Ruhe und Frieden im Wald – bis auf eine Biene, die es nicht lassen konnte, um mein Gesicht herumzuschwirren. Doch ich war so guter Dinge, daß sie mich nicht aus der Ruhe brachte, im Gegenteil, ich freute mich über meinen kleinen Begleiter – da plötzlich ...

»He du!« Ich blickte mich um, es war aber kein Mensch zu sehen. »He du! Du mußt gar nicht so weit schauen, ich bin direkt neben dir.«

Das einzige Lebewesen, das sich direkt neben mir befand, war diese Biene, die sich gerade auf meine Nase setzte. »Ich möchte dich einladen, zu mir zu kommen. Ein paar Freunde und ich wollen mit dir reden.«

Wahrhaftig, die Biene sprach mit mir!

»Komm mit, es ist nicht weit!«

Ehe ich mich versah, befand ich mich in einem Raum, in dem noch einige andere Bienen umherkrabbelten. Das Merkwürdige daran war, daß ich genauso klein wie sie war.

»Setz dich doch, vielleicht hast du einige Fragen an uns?«

»Wie kommt es, daß ich eure Sprache verstehe?« ging ich verdutzt auf ihr Angebot ein.

»Nun, wir Bienen und all die anderen Tiere versuchen oft, mit euch Menschen in Kontakt zu treten, doch im allgemeinen überseht ihr es oder deutet es falsch. Nur die, die wie du ein offenes Herz und Achtsamkeit in sich tragen, lassen sich ansprechen von uns und verstehen auch unsere

Sprache. Was viele Menschen manchmal vergessen, ist, daß wir alle zusammengehören, wir Tiere, Bäume, Pflanzen, Menschen und alle anderen Lebewesen. So kommt es, daß man meinem Volk die Nahrung für den Winter nimmt und durch Futter ersetzt, das Krankheit und Elend über uns bringt.«

Ich verstand: »Da habt ihr Bienen ja Grund genug, zornig auf uns Menschen zu sein.«

»Nein, im Gegenteil«, antworteten die Bienen, »wenn wir Leidtragenden nicht damit anfangen würden, all das Unrecht in Liebe umzuwandeln, wer dann? Wir versuchen aus diesem Grund, so oft wie möglich mit euch zusammenzukommen und euch zu zeigen, daß wir auch fühlende Lebewesen sind. Unsere Verwandten, die Fliegen und Mücken, gehen übrigens den gleichen Weg wie wir, nur daß sie ab und zu etwas aufdringlicher sind, aber das kennst du von deinen Mitmenschen sicher auch.«

»Dann sind die lästigen Flügler gar nicht darauf aus, uns zu ärgern, sondern sie wollen uns zum Gespräch auffordern?« warf ich ein,denn mir ging allmählich ein Licht auf.

»Du lernst schnell, so ist es. Viele von euch sind noch blind im Herzen und merken es nicht. So kommt es, daß sie hier und da einen kleinen Stich brauchen, um wachgerüttelt zu werden.«

Ich sah, daß die Bienen unruhig wurden und nervös mit den Flügeln schlugen.

»Es tut uns leid lieber Freund, wir müssen unsere Unterhaltung jetzt beenden, denn es wartet noch viel Arbeit auf uns. Aber vielleicht ist es uns ja gelungen, dir neue Einsichten zu vermitteln.«

Was dann geschah, weiß ich nicht mehr. Ich fand mich auf einer Wiese wieder. Hatte ich das alles nur geträumt? Hatte das Gespräch mit den Bienen nur in meiner Einbildung stattgefunden?

»He, he du! Ich habe vergessen, dir noch etwas zu sagen.«

Es war die redselige Biene, die sich wieder auf meine Nase setzte. »Zuhören und lernen ist eine Sache, doch vergiß darüber nicht, den nächsten Schritt zu gehen und das Gelernte in die Tat umzusetzen!«

Damit schwirrte die Biene davon und verschwand im Grün des Waldes.

Literatur

Allgemein

Buchinger, Otto: Das Heilfasten und seine Hilfsmethoden, Stuttgart 1982.

Buddhistisches Seminar (Hrsg.): Die Buddhistische Schatzkiste, Bindlach 1980.

Dethlefsen, Thorwald und Rüdiger Dahlke: Krankheit als Weg, München 1991.

Lützner, Hellmut: Wie neugeboren durch Fasten, München 1987.

Possin, Roland: Die fünf Pfade des Abnehmens, Ernährungs-Rundbrief Nr. 87 bis 89 (1993/94).

Weise, Devanando O.: Harmonische Ernährung, München 1993.

Weise, Devanando O.: Die Fünf Tibeter – Feinschmecker-Küche, Wessobrunn 1993.

Anthroposophie

Kühne, Petra: Die vier Temperamente des Menschen, Ernährungs-Rundbrief Nr. 68 bis 70 (1988/89).

Renzenbrink, Udo: Temperamente und Zeitkrankheiten, Ernährungs-Rundbrief Nr. 51 bis 54 (1984/85).

Ayurveda

Chopra, Deepak: Die Körperseele, München 1990.

Heyn, Birgit: Die sanfte Kraft der indischen Heilkunde, Bern/München/Wien 1992.

Hosbach, Ellen: Ayurveda wirkt natürlich, Aitrang 1992.

Lad, Vasant und David Frawley: Die Ayurveda Pflanzen-Heilkunde, Aitrang 1991.

Lad, Vasant: Das Ayurveda-Heilbuch, Aitrang 1991.

Astrologie und die vier Elemente

Arroyo, Stephen: Astrologie, Psychologie und die vier Elemente, Reinbek 1992.

Orban, Peter und Ingrid Zinnel: Drehbuch des Lebens, Reinbek 1993.

Bachmann, Verena: Die Elemente und ihre Deutung, Astrologie Heute Nr. 15 und 16 (1988).

Die vier Elemente

Banzhaf, Hajo: Der Mensch in seinen Elementen, München 1993.

Hippokrates: Sämtliche Werke (Diätetik), München 1895.

Rothschuh, K.: Konzepte der Medizin in Vergangenheit und Gegenwart, Stuttgart 1978.

Trott-Tschepe, Jürgen: Mensch und Duft im Elementen-Kreis, Leer 1993.

Weise, Devanando O.: Ernährung, Bewußtsein, Harmonie, Der Naturarzt Heft 3 (1992).

Makrobiotik

Kushi, Michio: Das Buch der Makrobiotik, Frankfurt 1984.

Ohsawa, George: Makrobiotische Ernährungslehre, Heidelberg 1978.

Register

Philippa Waring

Vom richtigen Wohnen

In Harmonie leben mit Feng-Shui

Aus dem Englischen von Susanne Kahn-Ackermann

144 Seiten mit Abbildungen, Festeinband

Feng-Shui – *Wind und Wasser* – bedeutet, achtsam und respektvoll in Kenntnis und Anerkennung der Naturgesetze sich deren positive Kräfte zunutze zu machen und sich vor negativen Einflüssen zu schützen.
Die einzelnen Kapitel des Buches erklären
- welchen generellen Richtlinien man folgen soll, wenn man eine neue Wohnstätte sucht,
- wie man gute Einflüsse für sein Heim anziehen und sich vor negativen Einwirkungen schützen kann,
- wie man in diesem Zusammenhang den Räumen die jeweilige Funktion zuweisen soll, welche Farbgebung und welches Möbelarrangement unter welchen Umständen das Wohlbefinden steigern und dem Glück und der Gesundheit förderlich sein wird,
- wie man Pflanzen in der Wohnung behandelt oder wie man einen Garten optimal anlegt.

IRISIANA